Dorothee Döring

Scham

Dorothee Döring

Scham

Einem belastenden Gefühl auf der Spur

maudrich

Wegen stilistischer Klarheit und leichterer Lesbarkeit wurde im Text auf die sprachliche Verwendung weiblicher Formen verzichtet. Ausdrücklich sei hier festgehalten, dass die Verwendung der männlichen Form inhaltlich für alle Geschlechter gilt und keinesfalls einen sexistischen Sprachgebrauch darstellt.

Bibliografische Information der Deutschen Nationalbibliothek
Die Deutsche Nationalbibliothek verzeichnet diese Publikation in der Deutschen Nationalbibliografie; detaillierte bibliografische Daten sind im Internet über http://dnb.d-nb.de abrufbar.

Umschlaggestaltung: Facultas Verlags- und Buchhandels AG
Umschlagbild, S. 12–13, 36–37, 80–81, 100–101, 126–127:
© Ponomariova_Maria – iStockphoto
Lektorat: Katharina Schindl, Wien
Typografie und Satz: Florian Spielauer, Wien
Druck: Finidr, Tschechien
ISBN 978-3-99002-132-3 (print)
ISBN 978-3-99111-386-7 (epub)

Inhalt

„Wer sich seiner Fehler schämt, macht sie zu Verbrechen."

Konfuzius

*„Wenn die meisten sich schon armseliger Kleider und Möbel schämen,
wie viel mehr sollten wir uns da erst armseliger Ideen
und Weltanschauungen schämen."*

Albert Einstein

*„Je mehr ein Mensch sich schämt,
desto anständiger ist er."*

George Bernard Shaw

Einführung

Kein Gefühl ist so quälend wie das der Scham, und es gibt vieles, für das man sich schämen kann: den eigenen Körper, die Herkunft, den Dialekt, die sexuelle Orientierung, eine aufgeflogene Lüge, Langzeitarbeitslosigkeit, ein nicht bestandenes Examen oder eine psychische Erkrankung.

Scham ist ein zutiefst menschliches, aber sehr unangenehmes Gefühl, das sich auch verselbstständigen und zu einer sozialen Phobie (einer krankhaften Angst) auswachsen kann. Am Ende schämt man sich dann dafür, dass man sich schämt – ein Teufelskreis.

Scham muss sich aber nicht auf die eigene Person beschränken, sie kann auch andere Menschen und sogar Gruppen betreffen. Kaum ein anderes Gefühl ist so stark mit existenziellen Ängsten verbunden.

Scham begegnet uns auf Schritt und Tritt als soziale Kontrolle, fragt ständig nach der Richtigkeit unseres Verhaltens und findet sich in allen Gesellschaftsformen und Kulturen als wichtiges Korrektiv[1]. Was man in einer Gesellschaft tun darf und was nicht, wird zwar von Schuld- und Strafsystemen geregelt, aber auch von der Scham, die eine Art „seelischer Oberaufseher“ ist. Ihr Werkzeug ist die Angst, von der Norm abzuweichen, sich lächerlich zu machen, ausgegrenzt zu werden, nicht mehr dazuzugehören. Einen stärkeren Garanten für gesellschaftlichen Zusammenhalt und die Aufrechterhaltung der bestehenden Ordnung gibt es nicht.

Weil Scham zum Menschsein gehört, in zwischenmenschlichen Beziehungen auftreten und uns klein machen kann, ist es wichtig, sie zu erkennen und zu verstehen.

Dieser Ratgeber thematisiert die destruktive, aber auch die nützliche Seite der Scham. Er geht ihren Ursachen und Auswirkungen nach und zeigt, wie es möglich ist, konstruktiv mit diesem oft unangenehmen Gefühl umzugehen.

Hier ein Überblick über den Inhalt dieses Buches:

In Kapitel 1 wird untersucht, worum es sich bei dem peinigenden Gefühl der Scham genau handelt,

in Kapitel 2 werden Ursachen und Auswirkungen der Scham erklärt,

in Kapitel 3 geht es darum, wie wir Scham erleben,

in Kapitel 4 wird gezeigt, wie man *nicht* mit Scham umgehen sollte,

und in Kapitel 5 werden Auswege aus der „Schamfalle" aufgezeigt, mit dem Ziel, kompetent mit Scham umgehen zu können.

1
Was ist Scham?

Scham wirkt wie ein soziales Barometer, eine Emotion, die sich meldet, wenn man gegen anerkannte Regeln verstößt. Scham ist nicht bloß das pubertäre Erröten in peinlichen Situationen, sondern beinhaltet die gesamte Palette unerwünschter Minderwertigkeitsgefühle, die aus der Verletzung von Normen entstehen, die wir eigentlich anerkennen. Diese Normen haben wir durch unsere Erziehung verinnerlicht.

Scham ist ein Gefühl der Verlegenheit, das sowohl durch Verletzung der Intimsphäre entstehen als auch auf dem Bewusstsein beruhen kann, durch unehrenhafte, unanständige oder erfolglose Handlungen sozialen Erwartungen oder Normen nicht entsprochen zu haben. Dieses Gefühl führt oft zur Schlussfolgerung, dass wir etwas falsch gemacht haben – und vor allem, dass dieses vermeintliche oder tatsächliche Versagen bekannt werden könnte.

Scham ist ein peinigendes Gefühl, weil sie isoliert: denn wer sich schämt, zieht sich zurück, igelt sich ein, möchte im Erdboden versinken.

Auch die Körpersprache zeigt, dass der Mensch im Zustand der Scham ganz um sich selbst kreist. Sich zu schämen zählt zu den schmerzhaftesten Gefühlen, die in unserem Leben vorkommen. Es ist so unangenehm, dass kaum jemand über seine Scham sprechen mag.

Scham ist ein Gefühl, das sich auf die ganze Person bezieht. Sich Schämende haben den Eindruck, so, wie sie sind, nicht in Ordnung zu sein. Scham kann so unerträglich werden, dass manche Betroffenen regelrechten Selbsthass entwickeln.

Scham soll verdecken und verhüllen. Geht der verhüllende Teil verloren, ist das, was eigentlich verhüllt werden sollte, schamlos und allen Blicken preisgegeben. Jemand wird zur Schau gestellt, was einer psychischen Vernichtung gleichkommt.

Sich zu schämen hat auch etwas mit den Sitten und Vorstellungen zu tun, die in einer Gesellschaft gelten. Diese verändern sich, und damit ändern sich auch die Gründe, weshalb wir uns schämen.

Um Scham zu empfinden, muss man ein Gewissen und Werte haben. In einer Scham-orientierten Kultur gilt nicht ein ruhiges Gewissen, sondern die öffentliche Wertschätzung als höchstes Gut. Demzufolge wird alles, was man selbst für peinlich hält und wofür man sich schämt, geheim gehalten.

Die biblische Geschichte vom Sündenfall und vom Ursprung der Scham ist uns allen bekannt. Adam und Eva haben vom „Baum der Erkenntnis" gegessen. Nach dem Sündenfall erkannten sie, dass sie nackt waren, und bedeckten sich mit Feigenblättern. Offenbar schämten sie sich.

Scham kann von unterschiedlicher Dauer sein: Sie kann ein flüchtiger Affekt sein oder chronisch werden und sich zu einer dauerhaften Charaktereigenschaft entwickeln. Sie kann auch von verschiedener Intensität sein: Von leichter Peinlichkeit bis hin zu abgrundtiefen Selbstzweifeln ist alles möglich.

Der Unterschied zwischen Peinlichkeit, Scham, Beschämung, Schuld und Schande

Sie haben den Namen Ihres Gegenübers vergessen? Sie erscheinen zu einem Firmenjubiläum in Jeans? Sie machen einen unpassenden Witz? Sie verhaspeln sich bei einem wichtigen Vortrag? Solche Situationen werden ohne Zweifel als peinlich empfunden. Beim Lügen ertappt zu werden ist wohl die schlimmste Peinlichkeit, die einem passieren kann. Immer, wenn wir glauben, versagt oder uns blamiert zu haben, empfinden wir – je nach Schweregrad – Peinlichkeit oder Scham.

Wir beobachten, dass das, was wir selbst als peinlich empfinden, längst nicht von jedem so empfunden wird, und stellen fest, dass es Menschen gibt, die mit peinlichen Missgeschicken souverän umgehen. Die meisten Situationen, die uns peinlich erscheinen, haben nicht viel mit unseren eigenen Einstellungen und Prinzipien zu tun, sondern mit Normen, die wir durch Prägung und Erziehung übernommen haben.

Kleine Kinder sind noch völlig unbefangen, ihnen ist nichts peinlich. Sie halten sich selbst für den Mittelpunkt der Welt und gehen ganz selbstverständlich davon aus, dass alle so fühlen wie sie. Sie haben noch nicht die Fähigkeit, sich mit den Augen der anderen zu sehen. Als Erwachsene sind uns Situationen, die sozial unerwünscht sind, unangenehm, ja sogar peinlich.

Der Unterschied zwischen Peinlichkeit und Scham ist, dass Scham nachhaltiger wirkt als Peinlichkeit. Wenn ihnen ein Fauxpas passiert, empfinden das die meisten Menschen als Peinlichkeit. Ein Fauxpas ist ein Verstoß gegen gesellschaftliche Umgangsformen. Er geschieht meist unabsichtlich oder aus Unwissenheit und gilt als Taktlosigkeit, die mit dem Gefühl des Schämens verbunden ist.

Beispiele für einen Fauxpas sind:

- Themen anschneiden, über die andere nicht reden wollen,
- unangemessene Witze zum Besten geben,
- fehlende Tischmanieren bei festlichen Anlässen,
- zu lautes Sprechen,
- nach zu viel Alkoholkonsum den Gastgeber duzen,
- über jemanden lästern, der das zufällig mitbekommt,
- eine vertrauliche E-Mail versehentlich an den falschen Empfänger schicken,
- im Gespräch große Lücken im Allgemeinwissen offenbaren.

Im Gegensatz zu einem Fauxpas, den man vielleicht überspielen kann, ist Scham ein Gefühl, das tiefer geht und nachhaltiger wirkt. Scham bedeutet in ihrer negativen Ausprägung ein Attentat auf das Selbstbild (s. Kap. „Die schlechte Seite der Scham: die Beschädigung von Selbstbild und Selbstwertgefühl", S. 25) und kann sogar zum sozialen Rückzug führen.

Grundsätzlich ist Scham ein Gefühl mit unterschiedlichen Schweregraden. Die Schwelle dafür, was als schambehaftet empfunden wird, liegt bei jedem Menschen woanders.

Auch zwischen Männern und Frauen gibt es deutliche Unterschiede: Generell werden Männer weniger häufig von Scham geplagt als Frauen. Frauen schämen sich für ihr Gewicht, für Alterserscheinungen, für gescheiterte Beziehungen oder dafür, Job und Familie nicht unter einen Hut zu bekommen wie die in der Werbung vorgeführten „Superfrauen".

Experten unterscheiden außerdem zwischen Scham und Beschämung. Durch Beschämung erreichen z. B. religiöse Fanatiker, dass Frauen sich nicht unverhüllt aus dem Haus trauen.

Scham führt hingegen dazu, dass wir uns selbst reflektieren, und warnt uns, wenn wir Normen missachten. Scham mahnt uns, damit wir richtig handeln, und ist auch ein Schutz von eigenen und fremden Intimitätsgrenzen, der sich in Taktgefühl und Respekt äußert. Im Gegensatz zur Beschämung ist Scham ein gesundes, nützliches, sogar notwendiges Gefühl, ein Warnsignal, das sich meldet, wenn jemand Grenzen überschreitet, die eigenen, die anderer oder die der Gesellschaft.

Aber auch kleine verbale Spitzen und Gemeinheiten können jemanden beschämen und schwer verunsichern: Der Freund macht Witze über angebliche Fettpölsterchen oder der Mitarbeiter eine süffisante Bemerkung über den tiefen Ausschnitt seiner Kollegin.

Ein Beispiel:

Nora, eine Büroangestellte, sah, dass der Kopierer gerade von einer Kollegin benutzt wurde. Also wartete sie ab, bis diese fertig war. Doch als sie am Kopierer stand, blaffte ihre Kollegin sie an: *„Was bilden Sie sich ein, sich vorzudrängen, ich war noch nicht fertig!"* Nora entschuldigte sich: *„Tut mir leid. Da Sie auf Ihren Platz zurückgekehrt waren, sah es für mich so aus, als seien Sie fertig gewesen."* Doch Noras Kollegin zeigte sich von der Entschuldigung unbeeindruckt und schimpfte in einer Tour weiter. Nora war an einem guten Arbeitsklima interessiert und überlegte, wie sie diese Missstimmung wieder beseitigen könnte. Sie besorgte eine Packung Pralinen, schnitt ein rosa Herz aus Papier aus, schrieb „Entschuldigung“ darauf und befestigte es mit pinkfarbenem Kräuselband an der Schachtel. Am nächsten Morgen vor Arbeitsbeginn legte sie ihrer Kollegin das Päckchen auf den Schreibtisch. Als diese zur Arbeit erschien, kam sie zu Noras Arbeitsplatz und sagte kleinlaut: *„Sie haben mich beschämt!“*

Was zeigt dieses Beispiel? Nora hätte sich nach diesem Vorfall auch dazu entscheiden können, der übellaunigen Kollegin aus dem Weg zu gehen. Das würden unter derartigen Umständen wohl die meisten tun. Aber Nora reagiert trotz der Verbalattacke ihrer Kollegin nicht beleidigt und mit Rückzug, sondern geht auf diese zu, weil sie an einer guten Arbeitsbeziehung interessiert ist. Damit zeigt sie Stärke und beschämt ihre Kollegin, die sich eigentlich für ihren Kontrollverlust schämen müsste.

Was aber unterscheidet Scham von Schuld? Während sich Schuld auf eine Handlung bezieht, richtet sich Scham auf die eigene Person. So fühlt sich z. B. jemand, der ein Gewissen hat, für sein Verhalten schuldig, wenn er jemanden übervorteilt. Gleichzeitig schämt er sich dafür vor sich selbst. Schuld können wir bereuen und wiedergutmachen, Scham müssen wir so lange aushalten, bis dieses peinigende Gefühl wieder verschwindet.

Weil das Eingestehen von Scham in unserer Erfolgsgesellschaft verpönt ist, wird sie unterdrückt und zeigt sich dann oft in Ausweichreaktionen wie Zorn, Wut, Gewalttätigkeit, Alkoholismus, Depressionen oder sogar Suizid.

Adolf Merckle, ein schwäbischer Pharmamilliardär, beging 2009 Selbstmord, nachdem er sich an der Börse „verzockt“ und damit die Kontrolle über seine Unternehmen verloren hatte. Er muss sich vernichtet gefühlt haben, als er vom hoch angesehenen und überall willkommenen Helden zum gejagten Schuldner wurde. Ihn haben offensichtlich Schuld, Scham und Schande so sehr belastet, dass sie ihn am Ende in den Selbstmord trieben.

Und was ist eine Schande? Im Gegensatz zu Peinlichkeit und Scham ist Schande etwas, wodurch jemand sein Ansehen, seine Ehre verliert.

In früheren Zeiten war es eine Schande, ein uneheliches Kind zu haben. Heute gilt es für muslimische Familien als Schande, wenn ihre Tochter mit Traditionen bricht und nach westlichem Lebensstil lebt. Sogenannte Ehrenmorde dienen im schlimmsten Fall dazu, diese Schande zu tilgen und die verletzte Ehre der Familie wiederherzustellen. Auch Migranten, die in ihre Heimat zurückgeschickt werden, sind für ihre Familie oft Versager, eine große Enttäuschung und eine Schande. Wer mit leeren Händen zurückkehrt, wird stigmatisiert und ausgegrenzt. Mancher traut sich nach der Rückkehr in sein Heimatland nicht, wieder Kontakt mit seiner Familie aufzunehmen.

Ein Mann, der in früheren Zeiten in eine Offiziersdynastie hineingeboren wurde, hatte die Erwartung zu erfüllen, die Familientradition fortzusetzen. Wenn er es wagte, dagegen aufzubegehren, zu desertieren oder unehrenhaft aus dem Militärdienst entlassen zu werden, galt er als ehrlos, beschädigte die Familienehre und brachte Schande über seine Verwandten.

Im Roman „Effi Briest" beschreibt Theodor Fontane, inspiriert von einer wahren Begebenheit aus dem Jahr 1886, das Duell von Baron von Instetten mit Major von Crampas, dem Liebhaber seiner Frau, der so erfolgreich seine Ehre verteidigt. Zu dieser Zeit hatten Duelle in Europa Hochkonjunktur. Für Adelige, Offiziere und Studenten, später auch für standesbewusste Bürgerliche, wurde das Duell zum Männlichkeitsbeweis.

Während sich das Schamgefühl unabhängig vom eigenen Willen und zudem auch bei völlig nichtigen Anlässen einstellt, haben Schuld und Schande ein spezifisches Gewicht, das man in den meisten Fällen auch wieder loswerden kann – sei es durch Strafe und Sühne oder durch Reue und Verzeihen.

In fast allen Familien existieren Familiengeheimnisse und Tabus, die als Schande empfunden werden. Ob Adoption, Abtreibung oder Alkoholismus, sexueller Missbrauch, Ehebruch, stigmatisierte Krankheiten oder auch die dunkle politische Vergangenheit eines Familienmitglieds – als Tabu prägt Unausgesprochenes, mitunter über Generationen, die Beziehungen zwischen Ehepartnern, Vätern und Müttern und ihren Nachkommen.

Die Schande, die jemand über seine Familie gebracht hat, muss zum Schutz von deren Ansehen vertuscht und zugedeckt werden, was Energie kostet, Spontaneität und Selbstwertgefühl zerstört und die emotionale Entwicklung behindert.

Die unterschiedlichen Facetten der Scham

Der Sozialwissenschaftler Stephan Marks unterscheidet in seinem Buch „Scham – die tabuisierte Emotion“[2] verschiedene Grundformen der Scham, die mit vier Grundbedürfnissen des Menschen verknüpft sind: Zugehörigkeit, Anerkennung, Schutz und Sicherheit.

Auf folgende Facetten der Scham soll in diesem Kapitel eingegangen werden: Anpassungsscham, Gruppenscham, Gewissensscham, Körper- und Intimscham, empathische Scham sowie Fremdscham.

Die *Anpassungsscham* bezieht sich auf die eigene Person und orientiert sich an den Bewertungen durch das soziale Umfeld. Man schämt sich beispielsweise, wenn man durch unpassende Kleidung, Parkettunsicherheit oder Unkenntnis der Tischsitten unangenehm auffällt, also wenn man sich peinlich verhalten hat oder etwas getan hat, das den gesellschaftlichen Erwartungen und Normen widerspricht – mit der Konsequenz, ausgegrenzt oder gemieden zu werden.

Die gesellschaftlichen Erwartungen und Normen hängen natürlich stark von der jeweiligen Kultur ab. Zum Beispiel gilt in Deutschland Schwäche traditionell als schambesetzt. Daher schämen sich viele Menschen für Krankheit, Armut, Arbeitslosigkeit, Abhängigkeit, Scheitern, Fehler, mangelnde Bildung, geringen beruflichen Status oder auch für ihren Dialekt.

Anpassungsscham kann sich auch auf den eigenen Körper beziehen, z. B. wenn man nicht dem gesellschaftlichen Schönheitsideal entspricht. Das kann die Zahnspange bei Jugendlichen sein, oder auch, sich zu dick oder zu dünn zu fühlen. Abweichende Eigenschaften können zur Ausgrenzung führen, weil man den Erwartungen der gesellschaftlichen Gruppe, der man angehört, nicht gerecht wird.

Gruppenscham kann durch die Zugehörigkeit zu einer Gruppe, Ethnie oder Nation ausgelöst werden. Viele Deutsche schämen sich der Kriegsverbrechen im Zweiten Weltkrieg, selbst dann, wenn sie zu der Zeit noch nicht einmal geboren waren.

Wer sich mit einer Gruppe identifiziert, weil er Mitglied ist (z. B. bei einer Wandergruppe oder einem Sportverein), fühlt sich zwangsläufig für das Benehmen der Gruppe verantwortlich und schämt sich, wenn sich andere Gruppenmitglieder schlecht benehmen.

Ein Beispiel:

„Einige aus unserer Wandergruppe haben durch lautes Sprechen und Gelächter im Restaurant des Hotels für den Unmut anderer Gäste gesorgt. Als jemand vom Nachbartisch unüberhörbare Bemerkungen machte, habe ich mich dafür geschämt, Teil dieser Gruppe zu sein."

Gewissensscham kann durch den Verstoß gegen geltende Normen oder Gesetze, gegen das eigene Gewissen oder das eigene Ich-Ideal entstehen. Gewissensscham kann daher eine Folge von schuldhaftem Verhalten sein. In diesem Fall ist es möglich, sich bei der anderen Person zu entschuldigen. Damit kann die Scham wieder von einem abfallen.

Ein Beispiel:

Sie haben ein Geheimnis ausgeplaudert, das Ihre Freundin Ihnen unter dem Siegel der Verschwiegenheit anvertraut hat. Damit haben Sie ihr Vertrauen missbraucht. Verständlich, dass Sie Ihrer Freundin nicht mehr in die Augen schauen können, weil Sie sich schämen. Sie spüren, dass Sie einen Übergriff begangen haben, indem Sie die Intimität Ihrer Freundin verletzt haben.

Ihre Gewissensscham ist eine Lektion, diesen Fehler künftig nicht zu wiederholen und Vertrauliches immer vertraulich zu behandeln. Gewissensscham ist ein eindeutiger Hinweis darauf, dass man etwas gutzumachen hat. Sie sollten sich bei Ihrer Freundin entschuldigen und Ihr Fehlverhalten eingestehen: *„Ich schäme mich, bitte verzeih mir."*

Körperscham ist ein großes Thema in unserer Gesellschaft: Menschen, die glauben, nicht der Norm zu entsprechen, sich als zu dick, zu groß oder zu dünn empfinden, leiden unter dieser Art von Scham.

Im Gegensatz zur Körperscham geht es bei der *Intimscham* um den Schutz der Intim- und Privatsphäre. Sie schützt die körperlichen und seelischen Grenzen sowie die eigene Integrität.

Intimitätsscham entsteht, wenn unsere intimen Grenzen überschritten werden, z. B. durch sexuelle Übergriffe, aber auch durch sexistische Bemerkungen und schlüpfrige Witze.

Intimscham entsteht, indem etwas, das sehr persönlich oder uns wichtig ist, öffentlich wird, wie z. B. Visionen, Fantasien oder Gefühle.

Empathische Scham ist eine weitere Facette der Scham und bedeutet, dass man indirekt oder stellvertretend Scham empfindet, wenn eine andere Person beschämt wird.

Ein Beispiel:

Sie bekommen mit, dass jemand in einem Abfalleimer nach Essbarem sucht. Es befällt Sie ein eigenartiges Gefühl, weil ein Mensch in unserem reichen Land im Müll wühlen muss, um sich etwas Essbares zu beschaffen. Während andere

Menschen achtlos an ihm vorbeihasten, empfinden Sie Erniedrigung, blicken beschämt zu Boden oder geben der Person etwas Geld, damit sie sich etwas zu essen kaufen kann. So zeigen Sie Ihre Empathie auf einfache Art und Weise: *„Du bist ein Mensch und mir nicht gleichgültig."*

Empathische Scham bewirkt, dass wir uns in andere hineinversetzen – wir erleben deren Scham mit. Sie bekämpft Gleichgültigkeit, schafft Solidarität und stärkt unser Mitgefühl und unsere Menschlichkeit.

Fremdschämen bedeutet, sich nicht seiner selbst, sondern für eine nahestehende Person zu schämen, die etwas tut oder unterlässt, wofür sie sich eigentlich schämen müsste. Diese Facette der Scham ist jedem Menschen bekannt.

Ein paar Beispiele:

- Ihre alte, schwerhörige Mutter redet in einem vornehmen Restaurant so laut, dass alle anderen Anwesenden das Gespräch mithören können.
- Ihr Ehepartner fällt bei einer Trauerfeier unangenehm auf, weil sein Mobiltelefon nicht ausgeschaltet ist.
- Ihr Partner präsentiert sich bei einer Feier in angeheitertem Zustand als Komiker, indem er sexistische Witze zum Besten gibt.

In allen genannten Beispielen berührt jene Menschen, die sich fremdschämen, die Schamlosigkeit derjenigen, die Grenzen – auch die des guten Geschmacks – missachten.

Der Grad des Fremdschämens hängt davon ab, wie *nahe* einem die Person steht, denn je näher sie einem ist, desto intensiver fühlt man mit ihr. Wir schämen uns also eher für die beste Freundin, den Partner oder die Eltern als für das schamlose Benehmen Fremder. Aber auch der Anblick ehrloser Mitbürger kann Scham in uns auslösen. Mit beschämtem Blick hasten wir „Normalbürger" an Bettlern, Alkoholikern und Drogenabhängigen vor Bahnhöfen und in Fußgängerzonen vorbei, allenfalls spenden wir hier und da ein Almosen.

Analyse und Bewertung der Scham

Die gute Seite der Scham: der unsichtbare Selbstschutz

Schamgefühle gehören zu den stärksten, unangenehmsten und intimsten menschlichen Regungen, denn wer sich schämt, ist im Kern getroffen und möchte am liebsten im Erdboden versinken. Doch wofür soll dieses unangenehme Gefühl gut sein?

Ein Mensch, der Scham empfindet, nimmt einen Teil von sich wahr, den er lieber vor anderen verbergen würde, der nicht in der Öffentlichkeit gezeigt werden soll. Scham ist insofern Selbstschutz: Sie schützt unsere Würde.

In Deutschland wird die Intimsphäre sogar durch das Grundgesetz geschützt! Der Text des Art. 2 Abs. 1 lautet: *„Jeder hat das Recht auf die freie Entfaltung seiner Persönlichkeit, soweit er nicht die Rechte anderer verletzt und nicht gegen die verfassungsmäßige Ordnung oder das Sittengesetz verstößt.“*

Scham ist auch insofern positiv, als sie dafür sorgt, dass in Gruppen geltende Normen eingehalten werden. Dies sichert den Zusammenhalt, und damit ist Scham der soziale Kitt, der eine Gemeinschaft zusammenhält.

Scham regelt aber nicht nur das Zusammenleben in Gruppen und Gemeinschaften, sondern ist auch für jedes Gruppenmitglied ein Selbstschutz: Um Scham zu vermeiden, verhält sich das Mitglied gruppenkonform.

Scham ist ein peinigendes Gefühl. Um das Gefühl der Scham vor anderen zu verbergen, bedient man sich verschiedener „Masken“. Es sind Abwehrmechanismen und Tarnungen zum Schutz vor Gesichtsverlust und Selbstwertbeschädigung.

Ein klassisches Beispiel:

Die Angst, nicht zu genügen, wird häufig durch die Maske des Perfektionismus verdeckt. Wer glaubt, perfekt sein zu müssen, will es vermeiden, Angriffsflächen zu bieten.

Mit dieser Denkungsart sind aber zwei Probleme verbunden:

1. Perfektionisten sind ihre eigenen Angreifer, die mit ihren überzogenen Ansprüchen immer etwas finden, das sie nicht akzeptieren können.
2. Kein Mensch ist perfekt oder wird es je sein können. Deshalb werden Perfektionisten immer wieder an ihrem idealisierten Selbstanspruch scheitern. Gefangen in einem Hamsterrad der Selbstoptimierung versuchen sie, sich an einem Ideal zu orientieren, um Scham durch Versagen zu vermeiden.

Die schlechte Seite der Scham: die Beschädigung von Selbstbild und Selbstwertgefühl

Wie im vorigen Kapitel beschrieben, ist gesunde Scham mit dem Verhalten verbunden, sich selbst abzugrenzen und die Grenzen anderer anzuerkennen und zu respektieren. Im Gegensatz dazu handelt es sich um destruktive Scham, wenn man sich seiner selbst schämt.

Diese Ausprägung der Scham ist belastend, begleitet Betroffene wie ein unsichtbarer Schatten und führt nicht selten dazu, dass sie aus Angst Situationen vermeiden, in denen sie sich blamieren könnten. Dahinter stecken letztlich die Angst vor Ablehnung und das Gefühl, nicht gut genug zu sein. Unzulänglichkeiten und Schwächen sollen für andere nicht sichtbar werden, um das *Selbstbild nicht zu beschädigen*. Als Selbstbild bezeichnet man in der Psychologie die Vorstellung, die jemand von sich selbst hat. Es beruht auf der individuellen Selbstwahrnehmung. Diese kann realistisch oder unrealistisch sein.

Viele Menschen messen ihr Selbstbild an einem *Idealbild,* also der Vorstellung davon, wie sie gern wären oder wie sie von anderen gesehen werden möchten. Weichen sie von diesem Bild ab, schämen sie sich, weil sie denken, nicht richtig zu sein, und weil sie den eigenen Erwartungen oder jenen anderer nicht genügen. Das betrifft vor allem Perfektionisten, die genauso unter einem verzerrten Selbstbild leiden wie Menschen mit einer Essstörung, die sich strenge Diäten und ein umfangreiches Sportprogramm auferlegen, weil sie sich selbst als zu dick empfinden. Durch das Vergleichen mit dem Idealbild wird das Selbstbild beschädigt, was dazu führt, dass man sich schämt, sich als unzureichend und als Versager empfindet.

Von Mark Twain soll die Erkenntnis stammen, dass, je älter er wurde, er sich umso lebhafter an Dinge erinnerte, die gar nicht passiert wären. Die meisten Menschen, die das auch so empfinden, bringen nicht so viel Humor wie Mark Twain auf, um anderen ihre „biografischen Ergänzungen" mitzuteilen. Meist handelt es sich um Tatsachen, die so leidvoll und schwierig für das Selbstbild sind, dass sie verleugnet und verdrängt werden müssen. Wir schützen uns mit selektiver Wahrnehmung, die nur das zulässt, was uns vor unseren Ängsten und unserer Scham erträglich erscheint.

Wie tragisch eine *Selbstverleugnung* als Folge eines geschönten Selbstbildes enden kann, zeigt das Schicksal der amerikanischen Lyrikerin Sylvia Plath, Autorin des bekannten autobiografischen Romans „Die Glasglocke"[3]. Sie glaubte ihr Leben lang, ihre Mutter über ihren wahren inneren Zustand täuschen zu müssen, weil sie nicht dem entsprach, was diese von ihr erwartete. Die Mutter hatte für die Tochter eine akademische Laufbahn vorgesehen, was dazu führte, dass Sylvia nicht so sein durfte, wie sie war, um die Erwartung der Mutter nicht zu enttäuschen. Sie verleugnete ihr Ich und setzte sich eine Maske auf, um sich ihrer Mutter und später auch ihrem Ehemann anzupassen. Auch auf geistigem Gebiet, als sie später als Redakteurin arbeitete, verleugnete sie sich selbst und ordnete sich den Erwartungen ihres Arbeitgebers unter. Ihre Selbstverleugnung führte sie zu ihrem ersten Selbstmordversuch, nachdem sie sich gegen den Willen ihrer Mutter entschieden hatte, Schriftstellerin zu werden. Ihr auf Täuschung und Selbsttäuschung aufgebautes Leben brach am Ende zusammen. Im Jahr 1963 beging Sylvia Plath Suizid, sie wurde nur 30 Jahre alt.

Dieses Schicksal ist ein Beispiel dafür, wie das Selbstbild der Tochter im Vergleich mit der idealisierten Vorstellung der Mutter angegriffen werden kann. Die Tochter kann sich dieser Beschädigung ihres Selbstbildes nur durch Selbstverleugnung und am Ende durch Suizid entziehen.

Unser Selbstbild wird aber nicht nur durch Vergleiche mit einem Idealbild beschädigt, es kann auch durch *Demütigungen* anderer oder durch die *Verweigerung sozialer Anerkennung* empfindlich gestört werden. Ähnliches gilt für das Gefühl der Minderwertigkeit wegen eines empfundenen Mangels an Schönheit, Bildung oder Geld.

Ein Beispiel:

Thorsten, ein jüngerer Mann, mittlerer Angestellter in einer großen Pharmafirma, kaufte sich in einer bevorzugten Lage in Basel ein repräsentatives Haus. Das Geld dafür hatte er geerbt. Er hatte aber nicht mir der Reaktion seiner unmittelbaren Nachbarn gerechnet. Es handelte sich um Vorstands- oder Aufsichtsratsmitglieder, Unternehmer, Ärzte, Anwälte usw., also um Leute mit Geld und Ansehen. Schnell erkannten sie, dass der Neue nicht ihrem Milieu entstammte und deshalb nicht zu ihnen gehörte. Fortan schnitten sie ihn. Es dauerte nur wenige Monate, bis Thorsten psychisch erkrankte, sodass er mehrere Wochen lang arbeitsunfähig war.

Ähnliche Ausgrenzungen erfuhren Millionen Flüchtlinge, die nach dem Zweiten Weltkrieg aus ihrer Heimat vertrieben wurden. Sie hatten alles verloren, waren im neuen Land nicht erwünscht und wurden als Fremde und „Habenichtse" ausgegrenzt und gedemütigt. Sie hatten es schwer, gesellschaftlich akzeptiert zu werden, und das führte bei vielen zu einem Gefühl der Minderwertigkeit, das sie durch Überanpassung zu kompensieren versuchten. Ähnliches ist auch heute noch bei Migranten zu beobachten.

Carina, 46:

> *Ich bin in Czernowitz, in der Bukowina, geboren und aufgewachsen. Einst war diese Region die östlichste Provinz der K.-u.-k.-Monarchie. Während dieser Zeit wurden meine Vorfahren dort sesshaft. Die Familie meiner Mutter war österreichisch, die Familie meines Vaters schlesisch. Nach dem Krieg wurde die Bukowina russisch, nach dem Zerfall der Sowjetunion ukrainisch. Nach der Öffnung des Eisernen Vorhangs wanderte meine Familie nach Österreich aus, weil es dort noch entfernte Verwandte meine Mutter gab. Ich schämte mich, als ich bemerkte, dass ich anders war als Gleichaltrige, und konnte nicht zu meinem Sein stehen. Ich kopierte Verhaltensweisen anderer Mädchen, um dazuzugehören und nicht ausgegrenzt zu werden. Erst während des Studiums habe ich Menschen kennengelernt, die eine ähnliche Vergangenheit hatten wie ich, aber erstaunlich selbstbewusst damit umgingen.*

Für Carina galt vor allem eins: bloß nicht aufzufallen oder „anders" zu sein. Auch ihre Eltern versuchten, „besonders österreichisch" zu sein. Sie passten sich so gut an, dass man sie gar nicht mehr als Zuwanderer wahrnahm.

Viele Zuwanderer empfinden sich als Menschen zwischen den Kulturen und müssen im Anpassungsprozess einen Teil ihrer Prägung und Identität aufgeben, was nicht selten zu Identitäts- und Selbstwertproblemen führt. Sie streben nach Zugehörigkeit zur Mehrheitsgesellschaft, oft um den Preis, dabei ihre Wurzeln, Herkunft, Sprache und Kultur zu verleugnen.

Die Ambivalenz von Scham und Stolz

Scham ist eine der heimtückischsten Emotionen, die Menschen erfahren können. Sie ist ein äußerst komplexes Phänomen, das in der Regel die ganze Persönlichkeit betrifft.

Scham drückt sich nonverbal aus:

- durch eine geduckte Haltung,
- durch angezogene Schultern,
- durch einen zu Boden gesenkten Blick,
- durch eine Körperhaltung, die Tieren ähnelt, die sich ranghöheren Artgenossen unterordnen.

Bei Stolz handelt es sich – so wie bei, Ärger, Angst, Traurigkeit, Überraschung, Ekel und Freude – um eine elementare Emotion, die angeboren und nicht anerzogen ist.

Stolz drückt sich nonverbal aus:

- durch einen aufgerichteten Körper,
- durch einen erhobenen Kopf,
- durch ein strahlendes Siegerlächeln,
- durch eine geballte, zum Himmel gestreckte Faust,
- durch Luftsprünge und Freudentänze.

Wir alle kennen die Siegerposen von Spitzensportlern, die letztlich nonverbaler Ausdruck ihres Stolzes auf eine erbrachte Leistung sind. Stolz ist keineswegs nur zu bekämpfender Übermut, sondern kann Menschen zu Leistungen anspornen, zur Überwindung von Hindernissen motivieren und dabei sogar bewirken, dass sie von anderen gemocht werden.

Stolz steht für eine große innere Zufriedenheit mit sich selbst und ist meist mit viel Freude gepaart, die der Gewissheit entspringt, etwas Besonderes geleistet zu haben, z. B. eine sportliche Leistung erbracht oder ein Studium erfolgreich abgeschlossen zu haben.

Scham und Stolz sind Gegensätze menschlicher Erfahrung.

Kann man aber Scham und Stolz gleichzeitig empfinden? Ja, meint der Neuropsychiater Boris Cyrulnik in seinem Buch „Scham. Die vielen Facetten eines tabuisierten Gefühls"[4], und geht dem Mysterium Scham auch anhand seines eigenen Lebenslaufs auf den Grund.

Boris Cyrulnik wuchs als Kind jüdischer Einwanderer in Bordeaux auf. Um ihn vor der drohenden Deportation zu schützen, brachte ihn seine Mutter in einer Pflegefamilie unter. Cyrulniks Familie wurde später in Auschwitz ermordet, er selbst entging dem Abtransport durch die Nazis nur knapp. Diese Erlebnisse seiner Kindheit prägten Cyrulniks Leben nachhaltig. Nach dem Krieg lebte er in verschiedenen französischen Kinderheimen, studierte dann ohne Geld und ohne Unterstützung Medizin in Paris. Seine Studienzeit war geprägt von Entbehrungen. Für ein Zimmer mit Heizung oder neue Kleidung reichte sein Budget nicht aus. In dieser Zeit beobachtete er eine Besonderheit seiner eigenen Gefühlswelt. Für manche Hinweise auf seine Armut schämte er sich, beispielsweise für seine löchrige Kleidung, auf anderes hingegen war er heimlich stolz. Die Eisblumen an den Fenstern seines kleinen Zimmers zum Beispiel bestärkten ihn darin, seinen Weg weiterzugehen. Trotzdem hätte er seinen wohlhabenden Kommilitonen niemals davon erzählt. Der spätere Arzt und Psychiater analysierte diese Ambivalenz und stellte fest: Dieselbe Tatsache kann gleichzeitig Scham und Stolz hervorrufen.

Ein Beispiel:

Wer ist als Deutscher nicht stolz auf die unschätzbaren kulturellen Leistungen von Beethoven und Bach, Goethe und Schiller? Gleichzeitig aber empfinden viele Deutsche angesichts der Kriegsverbrechen ihrer Vorfahren tiefe Scham.

Bei der Gedenkfeier zum 60. Jahrestag des Kriegsendes im Jahr 2005 sprach der damalige deutsche Bundespräsident Horst Köhler von Scham und Stolz. Er blickte mit Stolz auf den Weg seines Landes ab 1945 zurück, der Deutschland wieder Achtung in der Welt verschafft hatte. Gleichzeitig aber drückte er kollektive Scham aus: „*Wir Deutsche blicken mit Schrecken und Scham zurück auf den von Deutschland entfesselten Zweiten Weltkrieg und auf den von Deutschen begangenen Zivilisationsbruch Holocaust. Wir gedenken der sechs Millionen Juden, die mit teuflischer Energie ermordet wurden.*“

Scham ist ein mehrdimensionales Gefühl, das unser Identitätsgefühl im negativen Sinne berührt und Minderwertigkeitsgefühle auslöst. Scham ist aber auch transformativ, sie kann zu Selbstakzeptanz und Stolz führen.

Ilona, 43:

> „*Meine Eltern sind taubstumm. Als Kind bin ich oft vor Scham fast im Boden versunken, wenn ich all die hübschen Mütter sah, die ihre Kinder von der Schule abholten und ihnen dabei so nette Dinge sagten. Ich war damals noch nicht in der Lage zu erkennen, welch großes Geschenk mir meine Eltern dadurch machten, dass sie mich trotz ihrer Behinderung mit so viel Liebe und Zärtlichkeit umsorgten. Heute schäme ich mich dafür, dass ich mich damals für sie geschämt habe, denn heute bin ich stolz auf sie.*“

Kleinkinder erleben die Behinderung ihrer Eltern als normal. Sie sind stolz darauf, helfen zu können. Scham entwickeln sie in der Regel erst dann, wenn die Außenwelt – die Clique, die Schule – eine immer wichtigere Rolle spielt, denn dann werden sie mit gesellschaftlichen Tabus und Vorurteilen konfrontiert.

Ilona, die mit ihren behinderten Eltern aufgewachsen ist und für die diese Behinderung bis zur Schulzeit offenbar keine Bedeutung hatte, schämte sich ihrer Eltern erst, nachdem sie sich durch Blicke, Bemerkungen und Reaktionen anderer herabgesetzt fühlte. Dass sie heute stolz auf das ist, was ihre Eltern ihr trotz allem mitgegeben haben, zeigt die Akzeptanz der besonderen Situation, in der sie aufgewachsen ist, und ihre besondere Wertschätzung für die Lebensleistung ihrer Eltern.

Den meisten Menschen fällt es schwer, ihre Scham zu überwinden und sich von deren Gift zu befreien. Indem sie vor anderen den Grund für ihre Scham eingestehen, liefern sie sich ihnen aus und geben ihnen Macht, sie zu verurteilen. Es kommt nicht selten vor, dass ein beschämter Mensch, der sich jemandem anvertraut, eine kritische Reaktion von seinem Gesprächspartner bekommt. Allein um das zu vermeiden, wird geschwiegen. Dadurch aber wird eine innere Gefangenschaft errichtet, die zur Verheimlichung zwingt.

Aus Scham zu schweigen schützt einerseits, ist andererseits aber eine Qual und ein Leiden, das die Seele vergiftet. So beschreibt es Boris Cyrulnik in seinem Buch „Scham. Im Bann des Schweigens. Wenn Scham die Seele vergiftet“[5]. Cyrulnik rät dazu, als wirksamstes Gegengift gegen toxische Scham Stolz zu kultivieren, denn Stolz ehrt die menschliche Würde, richtet auf, lässt diejenigen, die sich schämen, wachsen und ein gesundes, realistisches Selbstbild entwickeln, das durch Scham verzerrt wurde. Gesunder Stolz gibt ihnen die Würde zurück und lässt sie erkennen, dass jeder es verdient hat, geliebt, erfüllt und glücklich zu sein.

Angst, die Schwester der Scham

Uns alle verbindet die Angst vor dem Unbekannten, Ungewissen. Sie ist uns angeboren und schützt uns durch umsichtiges und vorsichtiges Handeln vor Enttäuschungen und Gefahren und ist insofern der Garant dafür, selbst schwierige Zeiten zu überleben.

Angst ist ein ambivalentes Gefühl, das uns einerseits vor Schaden bewahrt, andererseits aber auch zum Problem werden kann, wenn sie zu häufig auftritt oder zu lange anhält und uns in unserem Alltag und in unserer Lebensgestaltung behindert. Das ist der Fall, wenn wir Angst vor Ablehnung haben, aber auch Nähe nicht zulassen und uns und anderen nicht mehr vertrauen können. Als würden uns diese inneren Widersprüche nicht schon genug Energie kosten, verbrauchen wir den Rest unserer Kraft auch noch dafür, zu verbergen, dass wir Angst haben.

Wer je Scham empfunden hat, kennt den Schmerz, dem eigenen Anspruch nicht genügt zu haben, und das Bedürfnis, diesen Schmerz wegzudrücken, zu leugnen, zu maskieren. Man entwickelt eine Angst vor dem nächsten Mal und glaubt, anderen passiere das nicht. Aber die Angst vor der Scham kennen die anderen auch. Sie haben womöglich nur andere Maskierungen entwickelt, um diese Gefühle – vor sich und uns – zu verbergen.

Scham beinhaltet die Angst, verlassen zu werden. Diese Angst, die aus der frühesten Kindheit stammt und in der Erziehung nicht selten instrumentalisiert wird, steckt zuletzt in allen Anpassungsleistungen, die wir aus Gründen der Schamvermeidung erbringen. Wir beugen uns den Regeln der Eltern oder den Normen einer Gruppe, um zu gefallen.

Weit verbreitet und gekoppelt an das Schamgefühl ist die *Angst vor Gesichtsverlust*. Sie ist untrennbar verbunden mit Ehrverletzungen oder der Angst vor Blamage und dem Versagen in den Augen anderer.

Für besonders sensible Menschen kann bereits ein Fauxpas oder ein Blackout bei einem Vortrag eine Blamage mit Gesichts- und Imageverlust darstellen. Das hat Folgen: Man bewegt sich nicht mehr so frei, weil man fürchtet, sich lächerlich zu machen oder zu blamieren. Man erstarrt in der Gewohnheit, vermeidet es, Neues auszuprobieren, und geht selbst kleine, kalkulierbare Risiken nicht mehr ein. Angst verhindert, sich so zu zeigen, wie man ist, weil man befürchtet, nicht gemocht zu werden.

Besonders gravierend wirkt die Scham bei öffentlicher Bloßstellung, die Ruf und Ansehen ruiniert. Rituale der Erniedrigung dienten zu allen Zeiten dazu, Autorität auszuüben. Jahrhundertelang ließ die Gerichtsbarkeit Menschen am Pranger öffentlich zur Schau stellen. Die moderne Gesellschaft hat neue Methoden entwickelt, um „Abweichler“ öffentlich zu brandmarken.

Die Bilder sind bis heute unvergessen: Im Februar 2008 verhafteten Steuerfahnder den damaligen Chef der Deutschen Post, Klaus Zumwinkel, in seiner Villa und führten ihn vor laufenden Kameras ab. Zwar wurde dies von manchen als Vorverurteilung kritisiert, aber Zumwinkels Ruf war durch diese öffentliche Demütigung nachhaltig beschädigt. Die abschreckende Wirkung, in aller Öffentlichkeit vorgeführt zu werden, ist womöglich größer als die Angst vor den strafrechtlichen Folgen der Steuerhinterziehung.

Ein weiteres, spektakuläres Beispiel für öffentliche Bloßstellung liefert der Skandal um das „Ibiza-Video", das zum Scheitern der österreichischen Regierung führte. Das im Juli 2017, wenige Monate vor der Nationalratswahl, heimlich gedrehte Video dokumentiert ein Treffen des damaligen Vizekanzlers und FPÖ-Chefs Heinz-Christian Strache mit der angeblichen Nichte eines russischen Oligarchen in einer Villa auf der spanischen Insel Ibiza. Dabei zeigte Strache seine Bereitschaft zur Korruption, zur Umgehung der Gesetze zur Parteienfinanzierung sowie zur verdeckten Übernahme der Kontrolle über parteiunabhängige Medien. Er tappte in eine Falle. Die Veröffentlichung des „Ibiza-Videos" wurde für ihn zum öffentlichen Pranger. Es dürfte für Straches Selbstbild schambesetzt gewesen sein, im alkoholisierten Zustand bei diesem größenwahnsinnigen Auftritt als korrupter Spitzenpolitiker gefilmt worden zu sein. Diese Peinlichkeit wurde weltweit von den Medien aufgegriffen. Dadurch verlor Strache seinen Job, sein Ansehen, seine Zukunftsperspektiven, und auch im Privatleben gab es Schwierigkeiten. Es war nicht nur eine unsägliche Blamage, sondern auch ein sozialer und psychischer Absturz ersten Ranges.

Die Angst vor einer Bloßstellung bezieht sich nicht nur auf die Blamage selbst, sondern auch auf deren Konsequenzen, insbesondere auf die gefürchtete *soziale Ausgrenzung*. Wer sich blamiert, steht plötzlich allein da, verliert sein Ansehen und möglicherweise auch die Zugehörigkeit zu einer gesellschaftlichen Gruppe.

Da wir stets bemüht sind, bei anderen einen guten Eindruck zu hinterlassen, ist die Angst vor einem Gesichtsverlust und einem ruinierten Ruf nachvollziehbar. Viele Menschen haben Angst, vor anderen nicht bestehen zu können. Sie möchten gern souveräner im Auftreten, unabhängiger gegenüber der Meinung anderer, weniger schüchtern und vor allem selbstbewusster sein. Die ständige Angst, nicht „richtig" zu sein und – in der Wahrnehmung anderer – nicht zu genügen, treibt sie in *Selbstzweifel* und *Versagensängste.*

Deshalb versuchen Betroffene häufig, Scham durch *Überkompensation* zu überwinden und so Selbstbild und Selbstwertgefühl wiederaufzubauen. Das geschieht häufig über das *Helfersyndrom.* Der Psychoanalytiker Wolfgang Schmidbauer hat dieses Phänomen 1977 in seinem Buch „Die hilflosen Helfer" beschrieben.[6] Ein vom Helfersyndrom Betroffener ist auf seine Helferrolle fixiert. Das Helfen bzw. Gebraucht-werden-Wollen entsteht aus dem Gefühl, nicht zu genügen, und geht bis zur Selbstschädigung durch Burn-out oder Depression.

Auch Perfektionismus ist, wie bereits erwähnt, eine destruktive Erscheinungsform der Angst, infrage gestellt zu werden und vor anderen nicht bestehen zu können. Diese Angst wird überkompensiert, indem unter größtem Aufwand alles getan wird, um das perfekte Funktionieren zu gewährleisten.

2
Ursachen und Auswirkungen der Scham

Prägung und Erziehung

Für Schamgefühle gibt es die verschiedensten Ursachen. Die meisten sind besonders schmerzliche Erlebnisse in unserer Prägephase.

Die Prägung

Prägung ist ein Begriff aus der Verhaltensbiologie und bezeichnet eine irreversible Form des Lernens: Während eines meist relativ kurzen, genetisch festgelegten Zeitabschnitts, den man als Prägephase bezeichnet, wird die Reaktion auf einen bestimmten Reiz der Umwelt derart dauerhaft ins Verhaltensrepertoire aufgenommen, dass sie danach wie angeboren erscheint. In diesem Zusammenhang hat der Verhaltensforscher Konrad Lorenz für seine Forschung mit Küken von Graugänsen 1973 den Nobelpreis für Medizin erhalten.

Unter Prägung des Menschen versteht man, dass sich bestimmte Einflüsse nachhaltig auf ihn auswirken. Eine depressive Mutter kann beispielsweise eine krankhafte Prägung bei ihrem Kind hinterlassen. Daneben ist auch die soziokulturelle Prägung, z. B. durch einen bestimmten Beruf oder Lebensstil der Eltern, von großer Bedeutung. Auch Menschen, die in als beschämend empfundener Armut aufwachsen mussten, sind davon geprägt und tun oft alles, um nie wieder in eine solche demütigende Lage zu geraten.

Wenn Eltern selbst für ihre Kinder sorgen möchten, werden sie Scham empfinden, wenn sie es nicht können und auf staatliche Unterstützung angewiesen sind. Kinder werden von der Scham ihrer Eltern geprägt. Sie schämen sich für ihre Eltern, wenn diese

- sich Nahrungsmittel von der „Tafel“ holen müssen,
- es nicht aus eigener Kraft schaffen, sie vernünftig für die Schule auszustatten,
- schon lange keine Erwerbsarbeit mehr haben,

- beim Ausfüllen von Formularen auf die Hilfe anderer angewiesen sind oder
- bei einem Amt oder einer Behörde auf die Gunst der Angestellten hoffen müssen.

Solche Situationen machen deutlich, dass Scham ein deutliches Alarmsignal dafür ist, dass zentrale Bedürfnisse oder die Menschenwürde angegriffen oder verletzt werden.

Besonders oft ist Scham bei denen zu beobachten, die während ihrer Kindheit in Armut leben mussten und deshalb gehänselt und ausgegrenzt wurden. Auch Missbrauch (seelischer oder körperlicher) wirkt sich prägend aus, verhindert eine ungestörte Entwicklung der Persönlichkeit und kann Kinder zu unsicheren, abhängigen und ängstlichen Erwachsenen werden lassen.

Die Erziehung

Im Gegensatz zur Prägung verfolgt Erziehung bewusst ein Ziel, nämlich eine positive Entwicklung des Kindes zu unterstützen und negative, unerwünschte Eigenschaften zu sanktionieren und zu unterdrücken. In diesem Prozess bleibt es nicht aus, dass das Kind in bestimmten Situationen das Gefühl der Scham erleidet.

Etwa ab dem Kindergartenalter sind Menschen in der Lage, Scham zu empfinden. In dieser Phase ist es Kindern bereits möglich, eigene Unzulänglichkeiten in Bezug auf bestimmte Wertmaßstäbe und Regeln wahrzunehmen. Sie lernen Verbote oder Gebote, wissen schon, was Lob und Tadel ist, und schämen sich, wenn sie ausgeschimpft werden. Voraussetzung für diese Emotion ist allerdings eine als beschämend empfundene Situation in Anwesenheit anderer Personen, z. B. wenn ein Kind vor anderen bloßgestellt oder infrage gestellt wird.

Das Bewusstsein über die eigenen Schwächen und die daraus resultierende Schamreaktion geht also Hand in Hand mit dem Wissen der Kinder darüber, wie sie von anderen gesehen werden. Das setzt auch voraus, dass sie gelernt haben, Motive und Ansichten anderer von den eigenen zu unterscheiden und sich in andere Menschen hineinzuversetzen. Schämen kann sich bereits ein kleines Kind, wenn ihm bewusst wird, was seine unmittelbaren Bezugspersonen über sein Verhalten denken und wie sie es bewerten.

Die erzieherische Funktion der Scham beschreibt der Psychotherapeut Victor Chu in seinem Buch „Neugeburt einer Familie: Familienstellen in der Gestalttherapie"[7] anhand eines Beispiels: Wenn bei den Eskimos ein Kind ins Wasser gefallen ist, versammelt sich die ganze Sippe und lacht es aus. Das löst eine derartige Scham in dem Kind aus, dass es in Zukunft peinlichst darauf achten wird, nie mehr ins Wasser zu fallen.

Dieser merkwürdige Umgang mit dem Missgeschick eines Kindes wird verständlich, wenn man sich bewusst macht, dass es für Eskimokinder lebensgefährlich ist, ins Wasser zu fallen. Mit dem Auslachen setzt die Sippe das mächtigste psychologische Instrument ein, das ihr zur Verfügung steht, um das Kind an ein absolutes Gebot zu gewöhnen.

Warum schämt sich das ins Wasser gefallene Eskimokind? Bei der als beschämend empfundenen Situation war die ganze Sippe anwesend. Das Kind hat sich also vor allen blamiert. Sein Bewusstsein über die eigenen Schwächen und die daraus resultierende Schamreaktion ist also verbunden mit seinem Wissen, wie es von seiner Sippe gesehen wird.

Dieses Beispiel zeigt, dass Scham ein erworbenes Gefühl ist: das heißt, sie wird vor allem in der Kindheit durch Erziehung durch die Eltern und andere wichtige Bezugspersonen verinnerlicht.

Problematisch ist die extreme Erziehung zu Leistung und Perfektion, weil dadurch bei Kindern ein Selbstbild entsteht, das sich ausschließlich an Leistung orientiert. Das kann zu Scham und Ängsten führen, nicht mehr geliebt zu werden oder dazuzugehören, falls die Leistung nachlassen sollte.

Sehr eindrucksvoll hat der Tennisstar Andre Agassi in seiner Autobiografie „Open: Das Selbstporträt“[8] beschrieben, wie sehr er jahrelang unter dem krankhaften Ehrgeiz seines Vaters gelitten hat. Dieser habe ihn gedrillt und gequält, weil er aus ihm einen Champion machen wollte. Ein Champion sei er zwar geworden, aber am Ende auch depressiv.

Scham durch Vergleiche

Mit ständigen Vergleichen, z. B. mit dem idealen Körper von Models oder dem Niveau von Leistungssportlern, steigt der Druck, dem Ideal näherzukommen, und oft gleichzeitig die Scham, wenn genau das nicht gelingt.

Frauenzeitschriften, durch die die „richtigen“ Körpermaße und -ideale vermittelt werden, wirken besonders dadurch, dass sie bei ihren Leserinnen Scham über sich selbst auslösen, insbesondere über ihren Körper. Die Folge ist die Angst vieler Frauen vor dem Spiegel.

Aber nicht nur Frauenzeitschriften können Scham auslösen, sondern auch unzählige Jugendmagazine, das Internet, Musikclips und Fernsehsendungen – vor allem die Castingshows, bei denen es nicht nur um die Körpermaße geht, sondern auch um die „richtigen“ Bilder von Männlichkeit und Weiblichkeit.

Der Soziologe Sighard Neckel hat in seiner Untersuchung zu Status und Scham festgestellt, dass in unserer Gesellschaft nicht mehr die herkömmlichen Leistungskategorien wie körperliche Arbeit, Anstrengung, Fleiß und Produktivität im Vordergrund stehen.

Seinen Untersuchungsergebnissen zufolge ist das, was zählt, Erfolg und soziale Durchsetzungskraft. Diese Faktoren werden an der öffentlichen Darstellung, an der Inszenierung des Körpers festgemacht und entschieden. Der Körper fungiert zunehmend als „performatives Instrument“. Es kommt mehr auf die geschickte Selbstdarstellung, die gelungene Präsentation an. An der Stelle eines Bildungsabschlusses, der über Erfolg oder Misserfolg entscheidet, steht heute laut Neckel das Casting. Am Körper zeigt sich, ob und inwiefern der Erfolg gelungen ist. Wer die Voraussetzungen nicht mitbringt, erweist sich auf dieser Ebene als eher defizitär, sodass die damit verbundene Abwertung besonders beschämend wirken kann.[9]

Bereits Kinder vergleichen sich und wissen heute aufgrund der Anstrengungen, die Erwachsene für ihren Körper aufbringen, schon sehr früh, dass sie selbst für ihren Körper, für ihr Aussehen verantwortlich sind. Umso verletzender ist es, wenn ein dickes Kind beim Schulsport „vorgeführt" wird, insbesondere, wenn die Eltern nicht für eine gesunde Ernährung und ausreichende Bewegung sorgen.

Männer vergleichen vor allem ihren sozialen Status und schämen sich besonders, wenn sie erfolglos sind, ihren Job verlieren oder Insolvenz anmelden müssen. Der Vergleich mit den Erfolgreichen, die an ihnen vorbeiziehen, führt zur Scham, versagt zu haben, schlimmstenfalls dazu, sich regelrecht vernichtet zu fühlen.

Zahlreiche Studien beweisen: Je intensiver jemand sich mit anderen vergleicht, desto mehr schämt er sich, nicht mithalten zu können, und umso unzufriedener ist er mit seinem Leben.

Ursachen und Auswirkungen von Körper- und Intimscham

Bereits Teenager versuchen mit Diäten aller Art ihre Scham, zu dick zu sein, zu regulieren. Bedenklicher als der Optimierungswahn durch Diäten aber ist es, wenn chirurgisch nachgeholfen wird, um das, dessen man sich schämt, korrigieren zu lassen. Junge Frauen, die sich für vermeintlich zu kleine Brüste oder zu dicke Oberschenkel schämen, versuchen ihre Körperscham auf diese Weise zu überwinden.

Wenn diese Menschen tatsächlich von den üblichen Normen abweichen, werden sie deshalb oft von ihrer Umwelt gemobbt und ausgegrenzt.

Körperscham hat Auswirkungen: Körperliches Unwohlsein, Selbsthass oder Depressionen können die Folgen sein. Und es sind nicht immer die anderen, die ein schlechtes Gefühl vermitteln – die größten Kritiker sind meistens die Betroffenen selbst.

Auch sind es nicht nur Frauen, die sich ständig vermessen, vergleichen, be- und verurteilen, auch Männer unterliegen vermehrt dem Schönheits- und Optimierungswahn. Dieser wird durch die technischen Möglichkeiten verstärkt, Fotos zu bearbeiteten, was zu Wahrnehmungsverzerrungen führen kann.

Darüber hinaus wurden nie zuvor Schönheitsideale so aggressiv angepriesen wie heute: Die Werbung im Fernsehen, in den Zeitschriften und vor allem im Internet befeuert unsere Optimierungswünsche. In einer Gesellschaft, in der Schlankheit, trainierte Körper und jugendliches Aussehen als Schönheitsideale gelten, ist Körperscham ein weit verbreitetes Gefühl. Viele Frauen sind unzufrieden mit ihrem Körper und schämen sich so sehr dafür, dass sie sogar auf Sport verzichten, nicht mehr schwimmen gehen und die Sauna meiden. Ein Grund dafür ist die Identifikation mit falschen Schönheitsidealen, die wir in Illustrierten und Modelshows vorgeführt bekommen. Aber nicht alle Frauen sind jung und schlank, wie uns die Werbung suggeriert.

Viele Menschen schämen sich besonders für Spuren des Älterwerdens oder für körperliche Makel. Vielen Frauen ist es unangenehm, manche schämen sich sogar, wenn sie sich vor ihrem Arzt entblößen müssen, weil sie ihren Körper im Spiegelbild der überall propagierten Perfektion makelloser Jugend durch schlaffe Haut, Schlupflider, Hängebusen und Zellulitis entwertet fühlen. Infolgedessen verwundert es nicht, dass alte Menschen gegenüber jungen Ärzten und Pflegepersonen größere Hemmungen haben als junge Menschen, die in der Pflege von Älteren versorgt werden.

Besondere Körperscham entsteht aber durch krankheitsbedingte Entstellungen, z. B. durch große Narben oder nach einer Brustamputation.

Martina, 42:

> *Wenige Tage nach meiner Brustamputation ging ich bei schönstem Wetter durch den Krankenhauspark spazieren und bemerkte dabei, dass ich keine Gesichter mehr sah. Ich nahm die Frauen, die mir begegneten, nicht mehr als ganze Personen wahr, sondern reduzierte sie auf ihre Brüste. In diesem Moment erschrak ich vor mir selbst und merkte, dass ich mit der Brustentfernung nicht nur Gewebe und Haut verloren hatte, sondern auch meine Identität, meine Weiblichkeit, mein Frau-Sein. Auch meinem Mann gegenüber wollte ich mich aus Scham über meinen entstellten Körper nicht mehr nackt zeigen und weiche ihm seitdem aus.*

Um die normalen Veränderungen des Körperbildes ab der Pubertät besser verarbeiten zu können, entwickelt jeder Mensch seine eigenen Strategien. Dies ist ein Lernprozess und eine Herausforderung, denn jede Veränderung muss ins Körperbild integriert werden. Gelingt es nicht, eine Körperbildveränderung zu akzeptieren, kann dies – wie das vorausgegangene Beispiel zeigt – zu einer krankhaften *Körperbildstörung* führen.

Neben der Körperscham kann für viele Menschen aber auch die *Intimscham* ein Problem sein.

Ein einfaches Beispiel:

Ein Teenager schreibt einen Liebesbrief an eine Mitschülerin. Der Brief wird von Dritten abgefangen und laut vorgelesen: Die Betroffenen schämen sich.

Solche Schamerfahrungen sind sehr schmerzhaft und können unter bestimmten Bedingungen eine Verhaltensänderung auslösen: *„So etwas möchte ich nie mehr erleben. Künftig werde ich mich stärker kontrollieren und darauf achten, was ich von mir zeige und was nicht!“*

Auf diese Weise sorgt die Scham dafür, dass man im Laufe seiner Entwicklung lernt, seine Grenzen besser zu wahren, seine Gefühle unter Kontrolle zu halten und dadurch in konstruktiver Weise für seinen Selbstschutz zu sorgen (s. Kap. „Die gute Seite der Scham: der unsichtbare Selbstschutz", S. 24).

Betty, 38:

> *Ich hatte vor zwei Jahren einen schweren Verkehrsunfall. Ich erlitt eine Querschnittslähmung und brauche seitdem täglich Hilfe, auch bei allen intimen Verrichtungen. Es hat mich große Anstrengungen und Überwindung gekostet, meinen Pflegedienst davon zu überzeugen, dass ich die unangemessene Nähe von männlichen Pflegern, die mich täglich wuschen oder die Monatsbinden wechselten, nicht verdrängen konnte. Ich bat darum, mir eine Pflegerin zu schicken. Unverständnis und Gleichgültigkeit, die mir anfangs das Leben so schwer gemacht hatten, waren wohl darin begründet, die ökonomisch optimierten Abläufe meinetwegen nicht ändern zu wollen.*

Besonders im Umgang mit Menschen, die eine körperliche Einschränkung haben und infolgedessen auch auf Intimpflege angewiesen sind, muss es darum gehen, beschämende Situationen so gut es geht zu vermeiden und den Betroffenen mit großer Achtsamkeit zu begegnen. Wesentlich dabei ist die gleichgeschlechtliche Pflege. Pflege sollte außerdem immer von Zuwendung, Achtung und Respekt geprägt sein.

Nach wie vor zählt der Arztbesuch zu den Situationen, in denen Menschen sich schämen. Im Sprechzimmer muss man sich körperlich und seelisch entblößen, um wirkliche Hilfe zu erhalten. Erklären zu müssen, dass man Läuse oder Würmer hat oder an einer Krankheit im Rektal- oder Genitalbereich leidet, kann sehr peinlich sein. Die Scham kann so weit gehen, dass betroffene Menschen Arztbesuche meiden. Das kann aber schlimme Folgen haben, weil Krankheiten dann nicht früh genug entdeckt und behandelt werden können. Kaum etwas ist in der medizinischen Praxis ist mit derart viel Scham behaftet wie die gynäkologische oder urologische Untersuchung und natürlich die Darmspiegelung.

Frank, 45:

> „*Weil mein Vater an Darmkrebs gestorben ist und ich in letzter Zeit unter blutenden und schmerzenden Hämorrhoiden litt, meldete ich mich trotz großen Unbehagens zur Darmspiegelung an. Ich hatte mich für die Untersuchung mehrmals gründlich gewaschen. Ganz sauber wollte ich sein. Die Untersuchung, die mir bevorstand, verursachte in mir Beklemmungen. Ich hatte keine Ahnung, was genau geschehen würde. Nur eines wusste ich, ich müsste mich ausziehen, meinen Unterleib nackt präsentieren, daliegen, mich den Blicken Fremder aussetzen und mich am Anus anfassen lassen. Als der Arzt mit seiner Assistentin vor mir stand und ich nur mit T-Shirt und Socken bekleidet war, bekam ich vor Scham einen hochroten Kopf, Herzklopfen und einen trockenen Mund. Ich fühlte mich ausgeliefert und schämte mich fast zu Tode. Die Kurznarkose, die ich für die Darmspiegelung bekam, erlöste mich von meiner grenzenlosen Scham.*“

Bestimmt können Sie Franks Scham nachvollziehen und erinnern sich selbst an Situationen beim Arzt, in denen Sie am liebsten im Boden versunken wären, um sich seinen Blicken oder denen des medizinischen Personals zu entziehen.

Intim- und Körperscham sind aber nicht nur negative Gefühle, sie haben auch eine wichtige Funktion. Sie zeigen uns Grenzbereiche an, die nicht überschritten werden dürfen. Damit schützen sie unsere Würde und auch die Grenzbereiche anderer Menschen. *Die Intimscham schützt unsere körperliche und seelische Privatsphäre.*

Scham aufgrund von Stigmatisierung

Ein Stigma ist ein Zeichen oder Merkmal. Soziologisch versteht man unter Stigmatisierung, jemandem bestimmte, von der Gesellschaft als negativ bewertete Merkmale zuzuordnen. Der Träger eines solchen Merkmals fühlt sich diskriminiert und empfindet mehr oder weniger Scham.

Nachfolgend soll auf einige wichtige dieser Merkmale eingegangen werden.

Der Name

Der Name besitzt eine Aussagekraft: *„Sag mir, wie du heißt, und ich weiß Bescheid."* Mache Namen sind sogar mit *Vorurteilen* behaftet und führen zu Abwertungen wie *„Kevin ist kein Name, sondern eine Diagnose"*.

An der Universität Mainz forscht die Sprachwissenschaftlerin Prof. Damaris Nübling über Namen. Ihrer Forschung zufolge fungieren Namen als soziale Marker. Deutlich markiert ist vor allem die ethnische Herkunft. Einige Vornamen werden mit einer bestimmten sozialen Herkunft, geringerer Intelligenz und geringerer Leistungsfähigkeit verbunden. Das gilt laut Nübling etwa für Mandy, Angelina, Cindy, Kevin oder Justin. Migrantisch geprägte Namen wie Muhamed, Özgür oder Aishe markieren ebenso eine Schichtenzugehörigkeit wie Constantin, Clemens, Ludwig, Emilia und Charlotte. Menschen mit einem „ausländisch" klingenden Namen, die sich um einen Job bewerben, erfahren häufig, dass ihr Name die Erfolgschancen trotz bester Qualifikation mindert. Das gilt z. B. für türkisch, arabisch oder asiatisch klingende Namen. „Namensstigmatisierung" nennt die Mainzer Sprachwissenschaftlerin dieses Phänomen.[10]

Viele Migranten, die die deutsche oder österreichische Staatsbürgerschaft anstreben, passen ihren Familiennamen an, um beruflich und gesellschaftlich keine Nachteile zu haben.

Auch in der Schule findet unbewusst Stigmatisierung statt. Das Phänomen „Kevin“ ist inzwischen weithin bekannt. Dieser angloamerikanische Vorname wird – wie auch Cindy, Mandy oder Justin – eher der „Unterschicht“ zugeordnet. Im Gegensatz dazu zieht die „Oberschicht“ häufig Namen wie Constantin, Justus, Magnus oder Sophia vor. Insofern können bereits Vornamen soziale „Identitätsmarker“ sein. Alter, religiöse Zugehörigkeit, ethnische Herkunft, Sozialisation – all das kann aus einem Vornamen abgeleitet werden.

Abgesehen davon lösen Namen Assoziationen aus. So kommt wohl niemand auf die Idee, jemanden, der „von“ als „Adelsprädikat“ im Namen trägt, für einen Sozialhilfeempfänger zu halten. Man verbindet damit Niveau, gepflegte Umgangsformen und eine gut situierte Person. So bestimmt ein Name zwar nicht allein die Karriere, kann aber durchaus ein Türöffner sein.

Herkunft und Sprache

Die Sprache ist immer noch ein „Marker“, der etwas über Herkunft und Milieu aussagt.

Kinder gebildeter Eltern haben deutlich bessere Bildungschancen als jene, die aus sozial schwachen Verhältnissen stammen. Das liegt daran, dass sich Eltern mit höherer Bildung in der Regel auch mehr um die Bildung ihrer Kinder kümmern. Mit diesen Kindern wird von Anfang an viel gesprochen und ihnen wird regelmäßig vorgelesen. Dadurch wird die Sprachentwicklung, insbesondere die Reichhaltigkeit und Differenzierung des Wortschatzes, gefördert. Kinder aus dem Bildungsbürgertum haben infolgedessen einen Bildungsvorsprung.

Dementsprechend haben Kinder aus bildungsfernen Milieus einen Bildungsnachteil. Oft haben sie auch mit Vorurteilen zu kämpfen. Sie werden von anderen für dumm gehalten, weil sie aufgrund ihrer Sprachdefizite Verständnisschwierigkeiten haben. Diese Kinder schämen sich, weil sie im Vergleich mit anderen erkennen, dass ihnen etwas fehlt. Und das führt zur Beeinträchtigung ihres Selbstbildes und zu Minderwertigkeitsgefühlen.

Auch Erwachsene können Minderwertigkeitsgefühle empfinden, wenn sie sich in einem ungewohnten Sprachmilieu befinden. Der Wortschatz, die Sprachdifferenzierung, die richtige Anwendung der Grammatik und der Gebrauch von Fremdwörtern sagen etwas über die Herkunft aus, z.B. ob jemand aus dem Bildungsbürgertum oder aus einer bildungsfernen Schicht stammt.

Trotz des Allgemeinen Gleichbehandlungsgesetzes (AGG) werden Menschen immer noch wegen ihrer Herkunft stigmatisiert.

Analphabetismus

Analphabetismus ist nicht nur in Entwicklungsländern ein Problem, sondern existiert auch bei uns. Laut einer Studie der Universität Hamburg gibt es in Deutschland 6,2 Millionen Analphabeten, die zwar einzelne Wörter lesen können, aber zum Beispiel keine E-Mails, Briefe, Packungsbeilagen oder Gebrauchsanweisungen.[11] Wie viele Analphabeten es in Österreich gibt, ist nicht ganz klar, da keine offiziellen Erhebungen existieren. Die UNESCO geht jedoch davon aus, dass hierzulande 300.000 bis 600.000 Menschen Probleme beim Lesen und/oder Schreiben haben.[12]

Warum Menschen Analphabeten sind, hängt mit individuellen, familiären, schulischen und gesellschaftlichen Faktoren zusammen und hat nichts mit mangelnder Intelligenz zu tun, wie oft angenommen wird. Viele Personen mit Lese- und Schreibdefiziten berichten, dass sie aus einem familiären Umfeld stammen, in dem Schriftliches eine untergeordnete Rolle gespielt hat. Oft konnten ihre Eltern selbst nicht oder nur unzureichend lesen und schreiben. Die Folge war, dass alles Schriftliche in der Familie vermieden wurde.

Als *funktionaler Analphabetismus* wird die Unfähigkeit bezeichnet, die Schrift im Alltag so zu gebrauchen, wie es im sozialen Kontext als selbstverständlich angesehen wird. Funktionale Analphabeten können zwar Buchstaben erkennen und sind durchaus in der Lage, ihren Namen und einige wenige Wörter zu schreiben, schaffen es aber nicht, den *Sinn* eines etwas längeren Textes zu verstehen.

Tim-Thilo Fellmer gehörte früher auch zur Kategorie „funktionaler Analphabeten". Heute ist er erfolgreicher Kinderbuchautor mit einem kleinen Selbstverlag und engagiert sich im Kampf gegen Analphabetismus, indem er offen von seinen eigenen schmerzlichen Erfahrungen erzählt. Wie die meisten Betroffenen war er Profi darin, seine Schreib- und Leseschwäche zu tarnen, offenbarte er in einem Interview. Er tat alles dafür, bloß nicht aufzufallen und dieses Problem für sich zu behalten, denn es war mit einem großen Schamgefühl verbunden. Sein Leben hat sich erst nach einer Lebenskrise und mithilfe von Alphabetisierungskursen grundlegend verändert.

Sexuelle Orientierung

Das Selbstbild und Selbstwertgefühl eines Menschen wird besonders angegriffen und beschädigt, wenn er von der Norm abweicht. Das zeigt sich besonders bei der sexuellen Orientierung.

Selbst in Zeiten wachsender gesellschaftlicher Akzeptanz erleben Heranwachsende häufig Stigmatisierungen. Homosexuelle werden durch abschätzige Äußerungen ihrer Mitschüler abgewertet und ausgegrenzt. Das kann dazu führen, dass Betroffene sich auch im Erwachsenenalter noch für ihre sexuelle Orientierung schämen und sich minderwertig fühlen.

Psychoanalytiker unterteilen die Scham, die Homosexuelle verspüren, in drei Phasen: In der ersten Phase sind Betroffene von der Scham überwältigt und befinden sich oft in einer schweren Identitätskrise. In der zweiten Phase versuchen sie, die Scham zu kompensieren. Viele leben ein vermeintlich perfektes Leben, mit vielen Liebhabern, Erfolg, schönen Wertgegenständen. Andere verdrängen einfach, dass sie schwul sind, und leben ein heteronormatives Vorzeigeleben mit Frau, Kindern und Haus, häufig mit Depressionen als Folge. Erst in der dritten Phase – so die Analytiker – gelingt es den Betroffenen, sich selbst zu finden, indem sie sich der eigenen Scham stellen.

Max, 37:

> *Als Jugendlicher wurde ich in der Schule gehänselt, weil ich schwul bin. Daraus entstand bei mir eine tief verankerte Unsicherheit, gepaart mit Scham und Selbsthass. Um diesen Gefühlen aus dem Weg zu gehen, strengte ich mich immer besonders an. Schau mal, wie toll ich bin, obwohl ich schwul bin, wollte ich damit sagen. Das half ein bisschen und milderte meine Scham. Irgendwann bekam ich Panikattacken und Depressionen, die mich daran erinnerten, dass ich in Wahrheit ein Leben lebte, das mir nicht entsprach. Ich habe eine Therapie gemacht. Mein Therapeut, ebenfalls schwul, hat ein Tor für mich geöffnet und mir dabei geholfen, mit mir selbst in Kontakt zu treten und mich mit meiner Sexualität anzunehmen.*

Aber nicht nur homosexuelle Männer fühlen diese Scham, sondern auch Lesben, Transsexuelle, Bisexuelle und Intersexuelle. Wer sich durch gleichgeschlechtliche Sexualpraktiken auch noch mit HIV infiziert, gerät fast unweigerlich in eine Krise mit Schuld- und Schamgefühlen. Betroffene werfen sich selbst ihr Anderssein vor, als dessen Folge sie die Infektion erleben. Wer seine Sexualität ohnehin schon immer als etwas Verbotenes und Abzulehnendes erlebt hat, wird im Fall einer HIV-Infektion noch viel eher zu Selbstvorwürfen und Selbsthass neigen.

Eine abgelehnte Bewerbung

Auch eine abgelehnte Bewerbung für eine höhere Position in einem Unternehmen wirkt stigmatisierend, denn in aller Regel bekommt ein einmal zurückgewiesener Bewerber keine zweite Chance. Und die „lieben Kollegen“ haben ja schon immer gewusst, dass man nicht geeignet ist. Fortan trägt man einen Makel, ein Stigma. Für den Bewerber ist es umso schmerzlicher, wenn ihm klar wird, dass der Grund für die Ablehnung nicht mangelnde Qualifikation war.

Michael Hartmann, Soziologieprofessor an der TU Darmstadt, hat in zahlreichen Studien herausgefunden, dass Aufstiegschancen und Karriereverläufe nicht nur auf Können, Talent und Fleiß zurückzuführen sind. Oft entscheidet die soziale Herkunft. Kandidaten mit großbürgerlichem Hintergrund haben seinen Ergebnissen zufolge fünfmal bessere Chancen auf eine Eliteposition in der Wirtschaft – Tendenz steigend. Die Souveränität gebe den Ausschlag. Wer aus einem Proletarierhaushalt kommt, kann nie lässig genug mit den Spielregeln der Erfolgsbürger umgehen, um zu signalisieren: Ich gehöre zu euch, zur Elite.[13]

Soziale Aufsteiger sind mit der Lupe zu suchen, resümiert Hartmann. Seinen Untersuchungen zufolge suchen Chefs oder Vorstands- und Aufsichtsratsmitglieder meist jemanden, der ihnen in Persönlichkeit und Werdegang ähnelt. Die Entscheidung über die Besetzung einer Spitzenposition erfolgt anhand einiger weniger Persönlichkeitsmerkmale, die von den Angehörigen der Wirtschaftselite für maßgeblich gehalten werden. Dazu zählt die intime Kenntnis der in den Chefetagen gültigen Verhaltenscodes ebenso wie eine breite bildungsbürgerliche Allgemeinbildung, eine unternehmerische Einstellung einschließlich der dafür erforderlichen optimistischen Grundhaltung und Selbstsicherheit. Die „richtige" Kleidung etwa zeigt, ob der Kandidat mit den ungeschriebenen Regeln vertraut und auch gewillt ist, diese zu akzeptieren. Ausschlaggebend für die Karriere ist laut Hartmann jedoch die persönliche Souveränität.

Quereinstieg, Leiharbeit und Arbeitslosigkeit

Von *Quereinstieg* spricht man, wenn jemand aus einer Branche in eine andere wechselt, ohne die für diesen Beruf sonst allgemein übliche Ausbildung oder ein entsprechendes Studium absolviert zu haben. Ein Quereinsteiger ist zum Beispiel ein Ingenieur, der zum Vorstand in einer großen Aktiengesellschaft für das Ressort Personal oder Finanzen berufen wird.

Prominente Beispiele in der deutschen Wirtschaft sind Mathias Döpfner, Vorstandsvorsitzender des Axel Springer Verlages, der Germanistik, Theater- und

Musikwissenschaft studiert hat, oder Markus Bauer, Vorstandsmitglied der Allianz Versicherungen, ausgebildeter Ingenieur.

Außer in der Wirtschaft gibt es Quereinsteiger vor allem in der Politik. Nirgendwo in Europa gibt es so viele prominente Quereinsteiger in der Politik wie in Österreich. Die Journalisten Armin Wolf und Euke Frank gehen in ihrem Buch „Promi-Politik: Prominente Quereinsteiger im Porträt"[14] der Frage nach, warum das so ist.

Bei besonderem Fachkräftemangel kann man als Seiten- bzw. Quereinsteiger jedoch auch Zugang zu stark reglementierten Berufen wie beispielsweise dem Lehrerberuf erhalten.

Aufgrund des akuten Lehrermangels wurden in Österreich 2019 Tausende von Quereinsteigern als Karenzvertretungen für den Schuldienst requiriert und eingestellt. In Deutschland werden diese Quereinsteiger nicht von einem Mentor begleitet, sondern müssen sich neben dem wöchentlichen Pflichtunterricht als Autodidakten alles selbst beibringen, was sonst im Referendariat gelehrt wird. Diese Quereinsteiger fühlen sich aber häufig stigmatisiert, sozusagen als „Lehrer zweiter Klasse". Sie haben zwar ihr erstes Staatsexamen vorzuweisen, nicht aber ein Referendariat absolviert, sondern waren meist zunächst in der Wirtschaft tätig. Bei den Kollegen, die die klassische Laufbahn mit Referendariat hinter sich haben, werden diese Quereinsteiger oft nicht als gleichberechtigt und auf Augenhöhe anerkannt. Zudem entwickelt sich bei den Kollegen Neid, weil die Quereinsteiger trotz ungleicher Voraussetzungen das gleiche Gehalt beziehen. Dieser Unmut zeigt sich dann häufig darin, dass sie von den Kollegen gemobbt werden.

Aber auch *Leiharbeit,* die in Deutschland und Österreich boomt, kann zum Stigma werden.

Leiharbeitnehmer werden meist über Agenturen für eine bestimmte Zeit vermittelt. Sie sind nicht fest angestellt, d. h. zwischen Entleiher und Leiharbeiter besteht kein regulärer Arbeitsvertrag. Bereits im März 2019 wurde im österreichischen Parlament ein Antrag eingebracht, der Leiharbeit oder Zeitarbeit beschränken soll. Ziel ist es, die Zahl der Leiharbeiter in Unternehmen auf maximal 10 Prozent der Beschäftigten zu beschränken. Außerdem sollen Leiharbeiter nach 18 Monaten Beschäftigung im gleichen Betrieb Anspruch auf Übernahme in die Stammbelegschaft haben. Leiharbeit sollte eigentlich der Abdeckung von Auftragsspitzen dienen, entwickle sich aber immer mehr zu einem lukrativen Geschäft für Arbeitgeber gegen die Interessen der Arbeitnehmer. Oft werden Leiharbeiter in einer Firma mit einer Stammbelegschaft wie Menschen zweiter Klasse behandelt. Zudem bekommen sie für die gleiche Arbeit nicht den gleichen Lohn wie fest angestellte Mitarbeiter.

Das gilt in Deutschland auch für Lehrer, die zwar über die gleichen Voraussetzungen und Qualifikationen wie ihre Kollegen verfügen, aber aus unterschiedlichen Gründen nicht beamtet wurden. Sie arbeiten als „Lehrbeauftragte" oder „Honorarkräfte", leisten das Gleiche wie ihre beamteten Kollegen, erhalten dafür aber ein deutlich geringeres Gehalt und können, je nach Bedarf, angefordert oder entlassen werden. Sie fühlen sich stigmatisiert, weil sie im Gegensatz zu den fest angestellten oder beamteten Lehrern aufgrund eines Honorarvertrages ausschließlich für den geleisteten Unterricht bezahlt werden – also nicht während der Ferien – und weil sie auch ihre Sozialversicherungsbeiträge selbst tragen müssen. Sie haben keinen Anspruch auf Lohnfortzahlung im Krankheitsfall und erhalten nur selten Ausfallhonorare.[15]

Mehr noch als Leiharbeit wird in unserer Leistungsgesellschaft *Arbeitslosigkeit* zum Stigma: Arbeitslose haben häufig mit Vorurteilen zu kämpfen. Ihnen werden negative Eigenschaften zugeschrieben, z. B. faul oder arbeitsunwillig zu sein. Arbeitslosen wird gerne der Stempel des „Sozialschmarotzers" aufgedrückt, denn sie arbeiten nicht für ihren Lebensunterhalt, sondern erhalten Geld von der Gemeinschaft. Dass Betroffene selbst meist in diese Arbeitslosenversicherung eingezahlt haben, dass es oftmals ungünstige Umstände sind, die Arbeitslosigkeit verursachen, wird dabei gern übersehen.

Zusätzlich zu ihrer Arbeitslosigkeit müssen sich Betroffene noch mit Vorwürfen herumschlagen, dass sie ihren Jobverlust selbst verursacht hätten – weil sie das Falsche studiert oder gelernt, die Entwicklung am Arbeitsmarkt nicht gut beobachtet, zu wenige Bewerbungen geschrieben hätten und dergleichen mehr.

Arbeitslose fühlen sich aber auch oft dadurch stigmatisiert, dass sie aufgrund ihrer schwierigen finanziellen Lage hinsichtlich der sozialen Teilhabe eingeschränkt sind: keine Restaurant- und Kinobesuche, keine Urlaube, keine Statussymbole. Von denen, die nicht mehr mithalten können, wenden sich andere Menschen ab. Soziale Isolierung ist die Folge.

Armut

Aber nicht nur die Sprache, das Milieu, aus dem jemand stammt, oder Arbeitslosigkeit können Gründe dafür sein, dass Menschen stigmatisiert werden, sondern auch Armut.

Besonders Kinder, denen man aufgrund ihrer Kleidung ansieht, dass sie aus armen Verhältnissen stammen, fühlen sich stigmatisiert und schämen sich. Häufig werden sie von ihren Mitschülern gehänselt, gemobbt und ausgegrenzt.

Armut lässt sich besonders in ländlichen Gegenden schwer verbergen, weil dort jeder jeden kennt und man nicht im Schutz der Anonymität lebt. Wegen der stärkeren sozialen Kontrolle auf dem Land strengen sich Menschen mit geringem Einkommen besonders an, ihre Armut vor den Nachbarn zu verbergen. Sie beteiligen sich an allen Aktivitäten und täuschen damit Normalität vor. Gelingt das nicht, ziehen sie sich oft immer mehr zurück.

Dieses Schamgefühl ist fatal, denn inzwischen ist bekannt, dass das Motivationssystem derer, die gegen ihren Willen dauerhaft isoliert sind, verkümmert. Sie verlieren das Interesse am Leben, werden krank, depressiv oder aggressiv.

Krankheit und Behinderung

Bestimmte Krankheiten und Behinderungen körperlicher, geistiger oder seelischer Art sind immer noch stigmatisiert: Sowohl in Deutschland als auch in Österreich haben angehende Lehrer, Polizisten und Juristen Angst, nicht beamtet zu werden, wenn sie sich wegen psychischer Erkrankungen in therapeutische Behandlung begeben. Auch im 21. Jahrhundert ist es noch ein mit Scham behaftetes gesellschaftliches Stigma, ein behindertes Kind zur Welt gebracht zu haben. Zwar ist in den letzten Jahren ein Wandel im gesellschaftlichen Bewusstsein zu erkennen, aber auch heute noch sind manche Erkrankungen, wie z. B. Aids oder Depression, mit einem Stigma behaftet.

Das für Aids verantwortliche HI-Virus wird durch Blut und Körpersekrete übertragen und führte zunächst bei homosexuellen Männern zu der Immunschwäche mit der typischen Symptomatik. Allein die Tatsache, dass es sich um eine sexuell übertragbare Krankheit handelt, die zudem besonders homosexuelle Männer traf, führte oft zur Stigmatisierung.

Aber auch Depressionen, die nicht ansteckend und auch nicht sexuell übertragbar sind, werden immer noch stark stigmatisiert. Meist ist das die Folge von Unwissen. Viele Menschen, die an einer Depression leiden, werden von der Außenwelt falsch verstanden. Wird bei jemandem eine Depression diagnostiziert, kann das dazu führen, dass (vermeintliche) Freunde und Kollegen sich von ihm abwenden. Reaktionen wie *„Reiß Dich zusammen!"* oder *„Anderen geht es noch viel schlechter!"* sind für die Betroffenen wenig hilfreich. Darüber hinaus verraten sie auch, welche Vorurteile über diese psychische Krankheit immer noch in den Köpfen der Menschen vorherrschen.

Aber woran liegt das? Gründe dafür mögen sein, dass wir die Ursachen von Depressionen noch nicht vollständig verstehen und dass wir das Denken und Empfinden der Betroffenen nicht nachvollziehen können. Indem wir behaupten, hinter dem depressiven Verhalten verstecke sich Faulheit oder mangelnde Selbstdisziplin, machen wir es uns einfach und zeigen gleichzeitig: *„Ich bin* *nicht so.*" Betroffene kämpfen dann mit einer doppelten Belastung: mit den Symptomen und Folgen der Depression und mit dem Stigma, das mit ihr verbunden ist.

Die Abwertung und Distanzierung von Menschen mit Depression oder Aids führt bei Betroffenen zu Scham und treibt sie oft auch in die soziale Isolation. Nicht nur zwischenmenschliche Beziehungen gehen verloren, sondern häufig auch der Arbeitsplatz.

Scham wegen seiner Depression war für Robert Enke, den Nationaltorwart von Hannover 96, die größte Hürde im Kampf gegen seine Krankheit. Aus Angst um seine Karriere verheimlichte er sein Leiden vor der Öffentlichkeit und nahm sich schließlich das Leben.[16]

In Österreich setzt sich die Organisation *ganznormal.at* für einen offeneren Diskurs über psychische Erkrankungen ein. Neben Plakatkampagnen mit Slogans wie *„Eine seelische Erkrankung ist wie Diabetes. Nur nicht so leicht zu erkennen"* hat sie einige Kinospots veröffentlicht. Darin erzählen Prominente wie die Schauspielerin Adele Neuhauser oder der Fußballer Frankie Schinkels, wie sie mit ihren seelischen Krankheiten umgegangen sind.

Stigmatisierung der Familie aufgrund von Kriminalität

Als schambehaftet und stigmatisierend wird auch die Kriminalität eines Familienmitglieds empfunden. Besonders Eltern, deren Kinder sich radikalisiert haben, sich zu IS-Kämpfern ausbilden ließen und terroristische Verbrechen im Namen des Islam begingen, leiden darunter. In Europa leben Tausende Salafisten. Viele von ihnen wurden aus der Parallelwelt ehemaliger Gastarbeiterfamilien rekrutiert. Aber was empfinden Menschen, wenn sich das eigene Kind radikalisiert?

Dieser Alptraum wurde für Neriman Yaman zur Realität. Im Alter von 14 Jahren entdeckte ihr Sohn Yusuf den Islam für sich. Doch es war nicht der liberale

Islam, den seine Eltern praktizierten. Yusuf ließ sich verführen, besuchte die Veranstaltungen des Salafisten Pierre Vogel und sympathisierte zunehmend mit dem IS.

In ihrem Selbsterfahrungsbuch „Mein Sohn, der Salafist: Wie sich mein Kind radikalisierte und ich es nicht verhindern konnte“[17] schildert Neriman Yaman auf eine sehr eindringliche Art und Weise, wie sich ihr Sohn immer intensiver mit dem Islam beschäftigte, immer tiefer in die salafistische Parallelwelt abtauchte, sich dort weiter radikalisierte und schließlich im April 2016 einen Sprengstoffanschlag auf einen Sikh-Tempel in Essen verübte. Nun sitzt der 16-Jährige im Gefängnis.

Groß ist der Schmerz, den Eltern von IS-Terroristen empfinden. Oft wissen sie nicht einmal, wo sich ihr Kind aufhält und ob es überhaupt noch lebt. Darüber hinaus leiden sie unter Scham und dem Stigma, als Eltern versagt zu haben.

Ein betroffener Vater äußerte in einem Fernsehinterview: *„Ich bin so unglücklich, wenn ich die Opfer sehe. Ich verstehe den Verlust ihrer Familien so sehr. Ich fühle mich, als sei ich mit diesen Opfern gestorben. Ich schäme mich so.“*

Viel wird in den Medien über Opfer und Täter berichtet, aber die „stillen“ Opfer einer Straftat, die Angehörigen des Täters, werden kaum beachtet. Wenn jemand eine Straftat begeht, verhaftet und verurteilt wird und lange Jahre im Gefängnis sitzt, haben seine Angehörigen eine erdrückende Last zu tragen: Da ist zum einen die plötzliche Leere. Ein Mensch, der immer da war, ist auf einmal weg und fast unerreichbar. Und da ist die Scham, mit anderen darüber zu reden. Man wird indirekt mitbestraft, indem man von Nachbarn „geschnitten“ wird, möglicherweise wenden sich auch Freunde von einem ab. Zudem stellen sich vor allem Eltern straffällig gewordener Kinder immer wieder die Frage, ob die Straftat hätte verhindert werden können.

Ursachen und Auswirkungen von Fremdscham

Wie bereits ausgeführt, bedeutet Fremdscham, sich für Peinlichkeiten anderer zu schämen. Diese stellvertretende Form der Scham entsteht dadurch, dass eine Identifikation mit der Situation einer anderen Person stattfindet, wodurch die peinliche Situation bewusst wird.

Die Komplexität dieser Art von Scham legt eine detaillierte Analyse nahe. Nachfolgend werden folgende Bereiche, in denen sie häufig vorkommt, näher besprochen:

- das Fernsehen,
- Touristen im Ausland,
- die Kirche und
- die nationale Vergangenheit.

Das Fernsehen

Auch im Fernsehen kann die Schamschwelle überschritten werden. Es begann mit dem RTL-Format „Big Brother", in dem Menschen in einem Container lebten und permanent gefilmt wurden. Seitdem ist die Schamschwelle, sich öffentlich zur Schau zu stellen, dramatisch gesunken. Auch das RTL-Format „Dschungelcamp", in dem die Kandidaten es mit Maden, Käfern und Kakerlaken zu tun bekommen, ist eine Show, bei der es keine Schamschwelle zu geben scheint. Die Teilnehmer müssen Prüfungen über sich ergehen lassen, die entwürdigend und geschmacklos sind. Erstaunlicherweise sorgt jedoch gerade das, was in Menschen mit gesunden Instinkten Fremdschämen auslöst, „für Quote".

Wir erleben heute auf fast allen Fernsehsendern eine Gehässigkeitskultur, die darauf basiert, andere vorzuführen und abzuwerten, um „schnelle Lacher" zu bekommen. Mit derben Sprüchen, Beleidigungen und Bloßstellungen auf unterstem Sprachniveau wird die größte Aufmerksamkeit erzielt. Dabei besteht die Gefahr, dass der vermeintliche Spaß zur Schadenfreude wird. Bereits der Philosoph Arthur Schopenhauer bezeichnete Schadenfreude als menschliche Form der Grausamkeit.

Aufgrund des Konkurrenz- und Quotendrucks der Privatsender ließen sich später auch die „öffentlich-rechtlichen Sender“ dazu hinreißen, in einigen Segmenten niedere Instinkte des Menschen zu bedienen. Ein besonderer Sündenfall war der Jahresrückblick des ZDF auf das Jahr 2008 („Menschen 2008“). Nachdem den in diesem Jahr verstorbenen Stars und Prominenten gedacht worden war, folgte der Auftritt der Schriftstellerin Charlotte Roche, bei dem es um ihr Buch „Feuchtgebiete“[18] ging. Unzumutbar und in höchstem Maße instinktlos und entwürdigend war es, dem renommierten Literaturkritiker Marcel Reich-Ranicki zuzumuten, diesen Roman, in dem es um Ausscheidungen, Gestank, Schweiß, benutzte Tampons, Analfissuren, Hämorrhoiden, Analsex, Exkremente und Körpersekrete geht, zu rezensieren. Meiner Meinung nach war es eine Grenzüberschreitung und Respektlosigkeit gegenüber Reich-Ranicki, der souverän urteilte: *„Literarisch völlig wertlos, widerlich, ekelhaft.“* Nicht einmal schlechten Stil wollte er der Autorin unterstellen: *„Die Frau hat gar keinen Stil.“* Aber auch für Charlotte Roche war es eine „öffentliche Hinrichtung“, vor einem Millionenpublikum gesagt zu bekommen, ihr Text sei *„ekelhaft“*, *„widerlich“* und *„literarisch völlig wertlos“*. Roche rang um Fassung, der Moderator grinste.

Touristen im Ausland

Aber nicht nur Fernsehsendungen können Fremdscham auslösen. Gleiches gilt für das anmaßende, fordernde und oft sogar unverschämte Benehmen der eigenen Landsleute im Ausland.

Manchmal schämt man sich für sie, weil man befürchten muss, der gleichen Kategorie zugeordnet zu werden. Ihr Auftreten ist oft peinlich, besonders wenn sie mit kurzen Hosen, Söckchen und Sandalen oder halb bedecktem Oberkörper Kirchen und Kathedralen besichtigen und durch schlechtes Benehmen und unkontrollierten Alkoholkonsum zur Karikatur mutieren. Natürlich legen nicht alle Urlauber ein solches Verhalten an den Tag, doch fast jeder hat sich schon einmal für seine Landsleute geschämt.

Eine repräsentative Umfrage des Meinungsforschungsinstituts Emnid für das Magazin „Reader's Digest", bei der 1.002 Menschen befragt wurden, ergab Folgendes: 69 Prozent der Befragten schämen sich, wenn Landsleute herablassendes Verhalten gegenüber den Einheimischen zeigen. Aber auch die Trunkenheit (67 Prozent) und die übertriebenen Beschwerden (64 Prozent) auf einer Reise sorgen immer wieder dafür, dass sich mancher für seine Landsleute schämt.[19]

„Gott schütze uns vor Sturm und Wind – und Deutschen, die im Ausland sind." Das ist – wie ich von einer Bekannten erfuhr – der Lieblingsspruch der Griechen, in dem ihr Frust über deutsche Touristen erkennbar wird. Als Deutsch-Griechin, die jeweils die Hälfte des Jahres in Deutschland bzw. Griechenland lebt, kennt sie beide Seiten, die deutsche und die griechische. Sie erzählt:

> *Mich überrascht die steigende Zahl der deutschen Überwinterer, die von Jahr zu Jahr mehr werden, was ja grundsätzlich positiv ist, weil diese zumindest ein paar Menschen vor Ort (Zimmervermieter, Gastronomen etc.) ein kleines zusätzliches Wintereinkommen sichern. Was mir persönlich nur manchmal recht unangenehm aufstößt, sind die Verhaltensweisen dieser Menschen, die glauben, für ihr Geld die Puppen tanzen lassen zu können, und die jegliches Fingerspitzengefühl vermissen lassen. Als Deutsch-Griechin kann ich mich für diesen Mangel an Einfühlungsvermögen und für die Arroganz der Deutschen gegenüber meinen griechischen Landsleuten nur schämen.*

Nicht nur diejenigen, die sich danebenbenehmen und marodierend mit ihren Sangria-Eimerchen durch die „Schinkenstraße“ auf Mallorca taumeln, sondern auch „Bildungsbürger“ können unangenehm auffallen und ein Grund zum Fremdschämen sein, wie ich es selbst bei meinen zahlreichen Studienreisen erlebte. Hier eine kleine Hitliste der Peinlichkeiten:

- Besserwisser gibt es überall, nur ist es im Alltag oft leichter, ihnen auszuweichen. An Stätten mit Touristenhochbetrieb ist dies fast unmöglich. Richtig unangenehm wird es, wenn der Miturlauber vom Typ „Besserwisser“ penetrant versucht, Wissenslücken des Reiseleiters aufzudecken.
- Unangenehm zu beobachten ist es auch, wenn Hotelgäste ihre guten Manieren am Frühstücks-, Mittags- oder Abendbüffet vergessen. Auf die kleinsten Teller werden die höchsten Essensberge getürmt, Großfamilien und Feriensparer schmieren sich ungeniert Brote für den Tag – frei nach dem Motto: *„Ich habe für das Büffet bezahlt.“* Besonders Dreiste packen ihre Pausenbrote in Restaurants wieder aus und bestellen dazu eine Cola für zwei.
- Hemmungsloser Alkoholmissbrauch führt zu weiteren Peinlichkeiten, wie z. B. zur Wahnvorstellung, man sei unwiderstehlich für das andere Geschlecht im Ferienland. Es reichen aber auch gegrölte Lieder aus der Heimat, um anderen Urlaubern die Fremdschamröte ins Gesicht zu treiben.
- Ebenfalls ein Grund zum Fremdschämen ist es, wenn die Sitten des Gastlandes nicht respektiert werden, etwa wenn Urlauber an Stränden der Türkei Einheimische mit Barbusigkeit brüskieren.

Die Kirche

Eine andere Ursache für Fremdscham ist der Missbrauch von Kindern in den beiden christlichen Kirchen. Als Katholikin schäme ich mich besonders für die Täter, die eigentlich Vertreter einer moralischen Instanz sein sollten.

Außerdem schäme ich mich für den Umgang verschiedener Bischöfe mit Misshandlung und Missbrauch Schutzbefohlener durch Priester: Statt eine klare Haltung zu zeigen und Sexualstraftäter in den eigenen Reihen der Staatsanwaltschaft auszuliefern, decken, vertuschen und verdunkeln sie diese Verbrechen.

Missbrauch ist nach den Worten des Wiener Kardinals Christoph Schönborn nicht nur im familiären Umfeld, sondern auch in der Kirche eine „massive Realität". Der heute 64-jährige Schriftsteller Josef Haslinger war erst Jahrzehnte später in der Lage, niederzuschreiben, was ihm als Sängerknabe in einem katholischen Klosterinternat angetan worden war. Sein Buch „Mein Fall"[20] ist eine aufwühlende Auseinandersetzung mit sexuellen Gewaltakten, die den Autor bis heute umtreiben.

Haslinger war zehn Jahre alt, als er ins niederösterreichische Kloster Stift Zwettl kam. Er war tief religiös und hatte den Wunsch, Priester zu werden. Die Atmosphäre im Kloster war rau, Gewalt als Strafe war an der Tagesordnung. Und dann gab es noch diesen Pater, dessen sexuellen Annäherungen der Internatsschüler nicht entkommen konnte.

In der konsequenten Auseinandersetzung mit dem erlittenen Missbrauch wird auch die Fremdscham des Opfers für die immer noch nicht erfolgte Selbstreinigung der katholischen Kirche deutlich. Dabei wäre das für Haslinger die größte Entschädigung. Seiner Überzeugung nach wäre es die Aufgabe des Klosters Stift Zwettl, Klarheit über die Gewalttaten und sexuellen Übergriffe im Konvikt zu schaffen und die Opfer zu entschädigen.

Die nationale Vergangenheit

Deutsche und Österreicher haben eine verborgene Schamwunde. Diese wurde von Stephan Marks in seinen Büchern „Scham, die tabuisierte Emotion"[21] und „Warum folgten sie Hitler?"[22] beschrieben.

Als Nachkommen der Tätergeneration schämen wir uns heute für den nationalsozialistischen Völkermord an den Juden Europas (Shoah) und dafür, dass es möglich war, dass „ganz gewöhnliche Männer" im „Dritten Reich" auf den Gedanken kamen, es sei richtig und in Ordnung, Millionen Menschen aufgrund ihrer Abstammung oder einer Erbanomalie auszulöschen.

Der erste Bundespräsident der Bundesrepublik Deutschland, Theodor Heuss, forderte, dass die Deutschen zunächst den schweren Weg der Selbstreinigung zu gehen hätten.[23]

Das war für die Identität der Deutschen das Schrecklichste, das ihnen der Nationalsozialismus angetan hatte. Er zwang sie dazu, sich zu schämen, Deutsche zu sein.

Im Dezember 2019 besuchte die deutsche Kanzlerin Angela Merkel erstmals das einstige Vernichtungslager Auschwitz, um dort den Opfern der Shoah zu gedenken. Sie empfinde tiefe Scham angesichts der Verbrechen, die Deutsche dort begangen hatten, sagte sie. In ihrer Rede rief sie zu einem entschiedenen Kampf gegen Antisemitismus in Deutschland und Europa auf. Alle Menschen müssten sich sicher und zu Hause fühlen. Es gebe aber eine besorgniserregende Entwicklung zu mehr antisemitischen und rassistischen Angriffen. Gerade Deutschland trage eine besondere Verantwortung: *„Auschwitz war ein von Deutschen betriebenes Vernichtungslager."* Diese Verantwortung sei für immer Teil der nationalen Identität und werde nie enden.

Auch Österreich bekennt sich zur Mitverantwortung für die Shoah und zur Bedeutung der Erinnerung. Bundespräsident Alexander Van der Bellen nahm im November 2020 gemeinsam mit seinem deutschen Amtskollegen Frank-Walter Steinmeier virtuell an einer Gedenkveranstaltung in der israelischen Holocaust-Gedenkstätte Yad Vashem teil. Er sagte:

„Wir Österreicher gedenken dieser Verbrechen heute in Reue und Scham."

Scham nach Tabubruch

Tabus sind die ungeschriebenen Gesetze für unser Zusammenleben. Einige Dinge tut oder sagt man ganz einfach deshalb nicht, weil sie jemanden verletzen oder beschämen könnten.

Bestimmt ist Ihnen der im Alltag häufig vorkommende Ausspruch *„Das geht gar nicht!“* geläufig. Damit wird Missbilligung und Distanzierung im Hinblick auf eine geschmackliche Verirrung, einen Regelverstoß oder eine inakzeptable Haltung ausgedrückt. Im Folgenden wird auf einige Beispiele für Tabubrüche näher eingegangen.

Verlassen eines kranken Lebenspartners

Es gilt als Tabu, einen kranken Partner zu verlassen. Dementsprechend drastisch ist die gesellschaftliche Verurteilung eines Menschen, der gegen dieses ungeschriebene Gesetz verstößt.

Durch eine schwere Krankheit, z. B. eine fortschreitende MS (Multiple Sklerose), ändern sich die Lebensverhältnisse und Bedürfnisse beider Partner grundlegend. Der gesunde Partner wird zum Pfleger und muss seine Bedürfnisse für eine nicht absehbare Zeit zurückstellen.

Entscheidet er sich, den kranken Partner zu verlassen – egal ob das plötzlich erfolgt, wie es manchmal vorkommt, oder nachdem schon lange Signale in Richtung Trennung gegeben wurden –, wird er von Freunden und der Familie des Verlassenen verurteilt.

Aber hinter dem Akt des Verlassens steckt auch eine Geschichte, die erzählt werden muss. Viele Meschen, die einen kranken Partner verlassen haben, litten und trauerten meist schon jahrelang, weil aufgrund der Dauerbedürftigkeit des Kranken ihre Bedürfnisse nicht erfüllt werden konnten, und fühlten sich einsam. Sie hatten das Gefühl, gehen zu müssen, um sich selbst zu retten.

Die norwegische Psycho- und Paartherapeutin Sissel Gran berichtet in ihrem Buch „Ich verlasse dich, weil ich leben will"[24] von lebensbedrohlich erkrankten Frauen, die von ihren Männern verlassen wurden. Ihrer Erfahrung zufolge sind es viel mehr Männer, die ihre kranken Frauen verlassen, als umgekehrt. Frauen scheinen in solchen Krisenfällen den Belastungen durch Pflege und Familie eher gewachsen zu sein.

Nachfolgend ein Beispiel eines Mannes, der sich überfordert fühlte, seiner an Krebs erkrankten Lebensgefährtin in ihrer Lebenskrise beizustehen. Er verlässt sie, wird aber von Scham- und Schuldgefühlen geplagt.

Norbert, 53:

„*Meine Lebensgefährtin erkrankte an Brustkrebs. Beide Brüste wurden ihr amputiert und durch die aggressive Chemotherapie verlor sie ihre Haare. Mich hat ihre Krankheit so mitgenommen, dass ich es nicht mehr aushielt, ihr Leiden jeden Tag mitzuerleben. Vielleicht war es feige, aber ich war damit überfordert, ihr beizustehen, und habe sie verlassen. Eine Weile plagten mich auch Scham- und Schuldgefühle, aber ich fühle mich für eine todkranke Frau noch zu jung.*"

Neben körperlichen Erkrankungen als Gründe, warum jemand seinen Partner verlässt, treten auch immer häufiger geistig-seelische Erkrankungen wie Depressionen, Demenz, Borderlinesyndrom oder Suchtkrankheiten auf, die dazu führen, dass der gesunde Partner die Situation nicht mehr aushält und geht. Scham- und Schuldgefühle bleiben zurück.

Eine Krankheit kann eine Beziehung stärken oder zerstören. Das hängt einerseits von der Schwere der Krankheit ab und andererseits von der Art und Weise, wie die Partner damit umgehen.

Sicher ist jedoch, dass die Erkrankung und deren Begleitumstände die Beziehung des Paares verändern werden. Vielleicht stehen Krankenhausaufenthalte mit belastenden Therapien an. Freizeitaktivitäten wie Urlaube können nicht mehr stattfinden, Hobbys kann nicht mehr nachgegangen werden. Freundschaften können nicht mehr wie früher gepflegt werden. Stattdessen ist unter Umständen intensive Pflege zu Hause erforderlich. Es kann Momente geben, die für beide Partner neu und fremd sind – für den Kranken und auch für den Partner, der ihn pflegt. Fragen nach der persönlichen Würde und danach, wie diese innerhalb der Grenzen der Partnerschaft beibehalten werden kann, können relevant werden. Es kann auch zu neuen Abhängigkeiten kommen, die in einigen Fällen der Beziehung von Kleinkindern und Eltern ähneln.

Wer beispielsweise einen an Multipler Sklerose erkrankten Partner hat, wird sich unter Umständen daran gewöhnen müssen, ihm das Essen zu reichen oder ihn zu wickeln. Das kann für beide eine liebevolle Handlung darstellen, die die Verbindung zueinander stärkt, es kann aber auch als eine unzumutbare Belastung empfunden werden, der beide nicht gewachsen sind.

Wer an einer solchen Situation zu zerbrechen droht, sieht oft eine Trennung als einzigen Ausweg, allerdings fast immer mit Scham und einem schlechten Gewissen. Selbstschutz kann ein gewichtiger Grund sein, um eine Trennung wegen Krankheit in Erwägung zu ziehen, insbesondere, wenn es sich um eine persönlichkeitsverändernde Erkrankung handelt. Die Krankheit kann einen Menschen zeichnen, ihn verbittert, negativ und ungewollt böse werden lassen. Das kann für nahestehende Menschen zu einer großen Belastung werden. In einer solchen Situation ist es äußerst schwierig, über einen sehr langen Zeitraum Gefühle wie Zuneigung und Verständnis aufzubringen.

Aber selbst wenn es gute Gründe für das Verlassen eines kranken Partners gibt, muss man damit rechnen, dass eine solche Entscheidung immer von anderen verurteilt wird, weil die meisten dies nicht nur als Verletzung eines Tabus betrachten, sondern als einen „unanständigen“ Akt.

Freigabe eines Kindes zur Adoption

Am 4. Dezember 1926 kommt in Kopenhagen ein Junge zur Welt. Seine erst 19-jährige Mutter hat ihre Eltern verlassen, um ihnen die Schande einer unehelichen Geburt zu ersparen. Sie entbindet heimlich und gibt ihren Sohn Lars in eine Pflegefamilie. Doch die Trennung von ihrem Kind geht der jungen Mutter sehr nahe und verfolgt sie bis ans Ende ihres Lebens im Jahre 2002.

Über die kurze gemeinsame Zeit nach der Geburt schreibt sie:

„Mein Sohn liegt in meinem Arm. Er ist eine so zarte kleine Last, man spürt sie fast gar nicht. Und doch wiegt sie schwerer als Erde und Himmel und Sterne und das ganze Sonnensystem. Wenn ich heute sterben müsste, so könnte ich die Erinnerung an diese holde kleine Last mit mir ins Paradies nehmen. Ich habe nicht vergebens gelebt. In diesem Augenblick bist du ganz mein. Aber bald wirst du anfangen zu wachsen. Jeder Tag, der vergeht, wird dich ein kleines Stück weiter von mir wegführen. Nie mehr wirst du mir so nahe sein wie jetzt. Vielleicht werde ich eines Tages mit Schmerz an diese Stunde denken ...“

Vier Jahre lebt Lars bei Pflegeeltern. Seine Mutter Astrid Lindgren heiratet schließlich einen Mann, der den Jungen akzeptiert, und holt ihn zu sich zurück.

Hat Astrid Lindgren ein Tabu verletzt? War sie eine Rabenmutter, die ihr Kind einfach weggab? Wohl kaum, denn sie schreibt:

„Ich könnte mein Herzblut für dich geben, aber ich kann nicht eine einzige von den Sorgen wegnehmen, die dich erwarten. Und doch sage ich dir, mein liebes Kind: Die Erde ist die Heimat der Menschen, und sie ist eine wunderbare Heimat. Möge das Leben nie so hart gegen dich sein, dass du es nicht verstehst. Gott schütze dich, mein Sohn!“

Kein Mensch käme jemals auf die Idee, eine Frau, die ihrem Sohn so anrührend schreibt, als Rabenmutter zu bezeichnen, weil sie aus Scham und Verzweiflung ihr Kind weggegeben hat.

Auch die heutige Realität lediger Mütter ist wenig romantisch. Auch heute gibt es Mütter, die ihr Kind nicht behalten können oder wollen und nach einem Weg suchen, ihr Baby in sichere und liebevolle Obhut zu geben – so wie Astrid Lindgren.

Ein Kind wegzugeben ist ein Tabu, das immer vom peinigenden Gefühl der Scham und der Angst, nicht mehr dazuzugehören, begleitet ist, weil man etwas getan hat, das gesellschaftlich nicht akzeptiert ist. Wer sich nicht an bestehende Tabus hält, wird bestraft und aus der Gemeinschaft – sei es aus der Familie oder aus der Gesellschaft – ausgeschlossen.

Die Verletzung von Tabus führt dazu, dass man sich einen Schweigezwang auferlegt oder sich durch Lebenslügen eine Tarnung zulegt. Das funktioniert aber oft nur bedingt und nur für einen gewissen Zeitraum.

Bis in die 80er-Jahre des vorigen Jahrhunderts gab es erzwungene Adoptionen in bayerischen Entbindungsheimen, wo uneheliche Kinder zur Welt gebracht wurden.[25] Die jungen Mütter stammten teils aus gutbürgerlichem Hause. Von ihrer Schwangerschaft sollte niemand erfahren und das uneheliche Kind sollte verschwinden. Deshalb wurden sie in Entbindungsheimen versteckt. Viele dieser Frauen kehrten nach der Zeit im Entbindungsheim nach Hause zurück – ohne ihr Baby. Sie schwiegen ihr ganzes Leben lang, weil sie sich schämten.

In der Vergangenheit wurden ledige Mütter als „gefallene Mädchen" stigmatisiert. Um das zu vermeiden, gaben Frauen ihre Kinder zur Adoption frei oder brachten sie in Pflegefamilien unter. Diese Mütter hatten nicht nur Angst vor der Ausgrenzung durch ihre Familien, ihnen drohte auch der Verlust des Arbeits- oder Ausbildungsplatzes. Sie litten aber nicht nur unter der gesellschaftlichen Ächtung, sondern meist ein Leben lang auch unter der Trennung von ihrem Kind. Viele Frauen, die ihr Kind in einer Notlage zur Adoption freigegeben haben, schämen sich, bereuen diesen Schritt nachher und setzen alles daran, ihr Kind wiederzufinden.

Ein Kind zur Adoption freizugeben, selbst dann, wenn es das Beste für das Kind ist, ist auch heute noch gesellschaftlich verpönt. *„Eine Mutter gibt ihr Baby nicht weg"* lautet die Regel. Wer es doch tut, bricht dieses Tabu und gilt als Monster, Egoistin oder Versagerin. Adoptiveltern, die von diesem gesellschaftlichen Tabu profitieren, genießen dagegen das Image von Wohltätern, die ein armes Kind gerettet haben.

Monika, 49:

> „*Keine Mutter gibt ihr Kind ohne Not weg. Als ich mit 19 schwanger wurde, war ich gerade in meiner Ausbildung und fühlte mich der Aufgabe, Mutter zu sein, nicht gewachsen. Ich gab meine Tochter zur Adoption frei, damit sie alle Chancen bekommen würde, ein glückliches Leben zu führen. Ich habe diese Entscheidung, die ich in einer Notlage getroffen habe, später täglich bereut und bin bis heute nicht darüber hinweggekommen. Darüber hinaus belastet mich die Geheimhaltung meiner Entscheidung. Aus Angst, verurteilt zu werden, habe ich niemandem jemals von meinem unbekannten Kind erzählt.*"

Verbotene Liebe

Die Liebe zu einem Priester ist immer noch etwas, das es wegen des Zölibats und der Moral der katholischen Kirche eigentlich nicht geben darf. Wenn gegen dieses Tabu verstoßen wird, wird dies von der Kirche streng geheim gehalten. Wenn die Liebesbeziehung eines Priesters im Verborgenen stattfindet, ist sie für ihn und seine Amtskirche kein Problem. Sobald sich aber ein katholischer Priester zu seiner Liebe und womöglich zu seinen Kindern bekennt, verliert er seine Existenz.

Für betroffene Priester und deren Frauen bedeutet das, sich ihrer Liebe zu schämen. Es bleibt ihnen nur, ihre Gefühle zu verleugnen oder sie im Geheimen auszuleben. Beides fordert ein *Doppelleben* und führt zu Psychostress, der auf Dauer krank machen kann.

Die Sozialpädagogin Anne Dörtelmann-Lueg, selbst mit einem ehemaligen Priester verheiratet, hat als Betroffene hinter die Fassade der katholischen Kirche geblickt. In ihrem Buch „Wenn Frauen Priester lieben“[26] schildert sie die Doppelmoral der katholischen Kirche und die leidvollen Erfahrungen von Frauen, die mit dem Zölibat in Konflikt geraten sind.

Der Schauspieler Michael Mendl verdankt seine Existenz einer verbotenen Liebe – er ist das Kind eines Priesters. In einem Interview berichtete er, dass sein Vater nicht nur seine Mutter sitzen ließ, sondern auch von Unterhaltszahlungen nichts wissen wollte und sich auch sonst nicht um seinen Sohn kümmerte.

Als seine Mutter gemerkt habe, dass sie schwanger war, habe sie sich noch im Medizinstudium befunden. In ihrer Not habe sie sich an den Bischof von Köln gewandt, doch dieser habe sie mit den Worten rausgeschmissen: *„Wenn Sie unsere Priester verführen, sind Sie selber schuld.“*

Trotzdem sei seine, zunächst alleinerziehende, Mutter mit der Situation zurechtgekommen. Später habe sie Ernst Mendl kennengelernt und geheiratet. Dieser adoptierte Michael und war für ihn sein eigentlicher Vater. Seinen leiblichen Vater habe Mendl nie kennengelernt.

Auch in Literatur und Film wurde das Thema der verbotenen Liebe eines Priesters auf unterschiedlichste Weise aufgearbeitet. Sowohl der Roman als auch der Film „Die Dornenvögel“[27] erzählen von der bewegenden, aber verbotenen Liebe zwischen der Farmerstochter Meggie und dem Priester Ralph de Bricassart, der zwischen Zölibat und Leidenschaft gefangen ist.

Neben der verbotenen Liebe aufgrund des Zölibates gibt es eine weitere Kategorie schambesetzter verbotener Liebesbeziehungen, die nicht nur tabuisiert, sondern sogar strafrechtlich geahndet wird: die Blutschande oder der Inzest. Inzest ist eines der letzten Tabus unserer Gesellschaft – von den einen als verbotene Liebe romantisch verklärt, von anderen als perverse Blutschande geächtet.

Ein spektakuläres Beispiel für eine verbotene Liebe ist der Fall des sächsischen Geschwisterpaares Susan K. und Patrick S.[28] Ihre ungewöhnliche Liebesgeschichte führt seit Jahren zu moralischen und juristischen Diskussionen. Dabei geht es vor allem um die Zukunft von § 173 des deutschen Strafgesetzbuches, der besagt, dass *„Beischlaf erwachsener Geschwister strafrechtlich zu verfolgen ist"*.

Wie kam es zu der geschwisterlichen Liebesbeziehung? Patrick und Susan entstammen schwierigen Familienverhältnissen und sind deshalb nicht zusammen aufgewachsen. Erst im Jahr 2000 lernten sie sich kennen. Patrick wuchs in einer Adoptivfamilie auf. Erst als er volljährig wurde, lernte er seine Mutter und seine damals 16-jährige Schwester kennen. Die Geschwister verliebten sich ineinander. Aus der Geschwisterliebe wurde bald mehr: Vier Kinder zeugten die beiden miteinander.

Als die Sache herauskam, verurteilte ein Gericht Patrick wegen widerrechtlichen Beischlafs mit seiner Schwester. Susan wurde freigesprochen, da sie zu dieser Zeit noch minderjährig war. Das Urteil ging durch alle Instanzen, bis vor das Bundesverfassungsgericht. Hier scheiterte das Paar ebenso wie später vor dem Europäischen Gerichtshof für Menschenrechte. Patrick musste ins Gefängnis, die Kinder (zwei von ihnen sind behindert) wurden dem Jugendamt überstellt.

Auch in Österreich gab es einen spektakulären Inzest-Skandal. Jahrzehntelang hielt Josef Fritzl seine Tochter Elisabeth und die sieben mit ihr gezeugten Kinder in einem dunklen Keller-Verlies in seinem Haus in der österreichischen Kleinstadt Amstetten gefangen.

Inzestbeziehungen sind kein neues Phänomen, es gab sie bereits im alten Ägypten, wo Eheschließungen unter Geschwistern üblich waren. Kleopatra war mit zwei ihrer Brüder verheiratet. Tutanchamun war ein Inzest-Kind. Aber auch die Perser und die alten Griechen lebten in inzestuösen Beziehungen. Hier zeigt sich die Zeitabhängigkeit eines Tabus.

Häusliche Gewalt

Gewalt ist etwas, das in allen Gesellschaftsschichten vorkommt, über das man aber nicht spricht, weil nicht sein kann, was nicht sein darf. Das Thema *häusliche Gewalt* ist daher mit einem Tabu belegt.

Gewalt kann in *physischer Gewaltanwendung* bestehen, aber auch in *psychischem Druck*, d. h. in Manipulation, Erpressung und verbaler Gewalt. Gewalt im häuslichen Umfeld richtet sich immer gegen die Schwächsten: Das kann ein Kind sein, eine Ehefrau oder alte, pflegebedürftige Angehörige.

Nur wenige von häuslicher Gewalt betroffene Frauen nehmen öffentliche Hilfsangebote in Anspruch, aus Angst vor dem Täter und aus Scham vor der Bewertung durch andere.

Eigenartigerweise fühlen sie sich dafür verantwortlich, dass sie zu Opfern wurden, und geben sich selbst für den Kontrollverlust ihres Partners eine Teilschuld. Sie sind sehr angepasst und schweigen, um nur keinen Streit auszulösen, machen sich klein und hoffen, ihren Partner von seinem aggressiven Verhalten abbringen zu können. Ihr sinkender Selbstwert in Kombination mit den sich steigernden Scham- und Schuldgefühlen schwächt sie von Tag zu Tag mehr und macht ihnen ihre Befreiung immer schwerer.

Lydia, 39:

> *Unsere Familie war lange Zeit ein Tatort für Gewalt. Mit größter Anstrengung habe ich die Schande nach außen gedeckt und das Bild der ‚heilen Familie' aufrechterhalten. Ich schämte mich und ließ es zu, dass mein Mann mich schlug. Zur Tarnung der blauen Flecken trug ich selbst bei größter Hitze langärmlige Blusen.*

Äußerlich war bei uns alles in bester Ordnung. Wir wohnten mit unseren beiden Kindern in einem gepflegten Vorort. Zwei Autos der gehobenen Preisklasse standen in der Garage und unser Haus war oft Treffpunkt für bedeutende Leute. Mein Mann war beruflich sehr erfolgreich und wir genossen hohes Ansehen.

Unser Familiengeheimnis Gewalt kannte niemand. Hinter der gut gepflegten Fassade der Normalität verbargen sich grausame Gewaltausbrüche. Als die schulischen Leistungen unseres 10-jährigen Sohnes rapide sanken, weil er immer unkonzentrierter wurde und häufig über Kopfschmerzen klagte, war mir klar, dass er zum Symptomträger unseres kranken Familiensystems geworden war und ich die Reißleine ziehen musste. Ich holte mir professionelle Hilfe, ohne die ich den Absprung aus der häuslichen Gewaltspirale nie geschafft hätte. “

Die Leidensfähigkeit misshandelter Frauen ist enorm. Oft wird ihnen erst im Rahmen einer Therapie bewusst, das Richtige getan zu haben, indem sie ihre Scham überwunden und sich Hilfe geholt haben.

Es sind aber nicht immer nur Männer, die Gewalt ausüben. Immer häufiger erfahre ich in Konfliktberatungen auch von gewalttätigen Kindern, die ihre Eltern beschimpfen, bedrohen und schlagen.

Andrea, 42:

„ *Ich bin alleinerziehende, berufstätige Mutter. Nachdem es zwischen meiner 14-jährigen Tochter und mir schon öfter zu Spannungen gekommen war, weigerte sie sich eines Morgens, zur Schule zu gehen. Mein gutes Zureden nützte nichts, Lilly verhielt sich weiterhin mürrisch und stur. Als ich ihr mit Handyentzug drohte, artete der Streit aus und sie riss plötzlich an meinen Haaren und schleuderte mich zu Boden. Aus Lilly, die stets liebevoll und auf Augenhöhe behandelt wurde, ist eine Furie geworden, vor der ich Angst habe. Das sagen zu müssen löst bereits Scham in mir aus, als Mutter versagt zu haben.* “

Vom eigenen Kind tätlich angegriffen zu werden löst bei betroffenen Eltern Scham- und Schuldgefühle aus. Viele Eltern zweifeln an ihrer Erziehung und negieren das Problem. Sich einzugestehen, dass einem die elterliche Rolle zu entgleiten droht, ist für die meisten schwierig. Lieber bagatellisiert man Übergriffe oder entschuldigt sie damit, dass das Kind krank sei oder unter ADHS oder pubertärer Hypersensibilität leide.

Auch Lillys Mutter hat die Schulverweigerung ihrer Tochter gegenüber der Lehrerin als Erkrankung entschuldigt. Statt sich dem Problem ihrer Tochter zu stellen, igelt sich die Mutter ein und gerät so an zwei Fronten unter Druck. Gegenüber der Schule will sie das Geheimnis des würdelosen Zustandes zu Hause wahren und zu Hause steigt – parallel zu ihrer Ohnmacht – die Macht der Tochter. In einem Wutanfall trat Lilly das Handy der Mutter kaputt.

Es gibt Familienkonstellationen, die das Risiko für häusliche Gewalt erhöhen: Alleinerziehende oder Familien, in denen Kinder unter psychischen oder schulischen Problemen oder ADHS leiden. Aber auch liebloser und handgreiflicher Umgang der Eltern erzeugt Gegengewalt.

Aggressives Verhalten der Kinder gegenüber ihren Eltern ist keineswegs eine Frage der Schichtzugehörigkeit. Häusliche Gewalt findet in allen sozialen Schichten statt und ist unabhängig vom kulturellen Hintergrund und Alter.

Häusliche Gewalt zielt in der Regel darauf ab, Macht und Kontrolle über andere und deren Handeln und Denken zu gewinnen. Dabei wird in der Regel die vermeintliche körperliche und/oder geistige Überlegenheit ausgenutzt.

Von häuslicher Gewalt Betroffene trauen oft sich trotz jahrelangen Misshandlungen lange nicht, Hilfe zu holen. Es sind Angst und Scham, die sie davon abhalten. Häusliche Gewalt ist etwas, dessen man sich schämt, denn sie ist die Folge von Disziplinlosigkeit und Kontrollverlust. Das ist auch der Grund dafür, dass sie im Verborgenen stattfindet und ein streng gehütetes Familiengeheimnis ist oder bleiben soll.

Sexueller Missbrauch

Sexueller Missbrauch ist ein schambesetztes Verbrechen und liegt immer dann vor, wenn Erwachsene ihre Machtposition und die Unwissenheit, das Vertrauen oder die Abhängigkeit eines Kindes oder Jugendlichen zur Befriedigung eigener sexueller Bedürfnisse ausnutzen.

So unfassbar es scheint, für viele Mädchen und Jungen ist es Wirklichkeit: Sie werden in ihrem unmittelbaren Lebensumfeld missbraucht, vom Vater, Großvater, Onkel, Bruder, von einem guten Freund der Familie – von Menschen, denen sie vertrauen, die sie lieben, von denen sie existenziell abhängig sind. Dort, wo sie Geborgenheit und Sicherheit erfahren sollten, sind sie sexuellem Missbrauch schutzlos ausgeliefert.

Sexueller Missbrauch von Kindern und Jugendlichen kommt in allen Gesellschaftsschichten vor und ist innerhalb der Familie fast nie ein einmaliges oder „zufälliges" Ereignis, sondern ein Problem, von dem alle Familienmitglieder in unterschiedlicher Art und Weise betroffen sind.

In der Regel entwickelt sich das Missbrauchsgeschehen in einem über Jahre dauernden Prozess und ist Ausdruck tiefer Konflikte in der Familie, die von allen geheim gehalten werden. Nach außen zeigen viele dieser Familien keine besonderen Merkmale. Sie unterscheiden sich weder in ihrer kulturellen noch in ihrer Schicht- und Religionszugehörigkeit von den Familien, in denen sexueller Missbrauch nicht vorkommt.

Die grundlegende Missachtung seines Willens und die fortgesetzte Verletzung seiner körperlichen Integrität konfrontieren das missbrauchte Kind mit Gefühlen der Hilflosigkeit und des Ausgeliefertseins. Auch sein Selbstvertrauen wird durch Scham massiv beschädigt. Das Zusammentreffen von körperlicher und seelischer Schädigung, Verrat durch eine Vertrauensperson, Hilflosigkeit und das Empfinden von Beschädigt-, Stigmatisiert- und Ausgestoßen-Sein machen den sexuellen Kindesmissbrauch zu einem gravierenden traumatischen Erlebnis. Von Missbrauch betroffene Kinder leiden nicht nur körperlich, sondern mehr noch unter seelischen Qualen. Schuldgefühle, Scham, Verwirrung, regressives Verhalten, Rückzug, Schlafstörungen, psychosomatische Beschwerden, Depressionen und Zwangshandlungen sind mögliche Langzeitfolgen.

Der nachhaltigste Schaden sexuell missbrauchter Kinder besteht in der Umkehrung der Gefühle: Die Opfer schämen sich mehr als die Täter. Diese Verkehrung der Gefühle ist eine Folge der Perversion solcher Taten. Das Opfer wird durch die „verkehrte Scham" in einem Schweigen versiegelt, das oft krank macht. Diese Scham erklärt auch, warum viele Geschändete Jahrzehnte brauchen, bis sie sich als Opfer zu erkennen geben und es wagen, Anzeige zu erstatten.

Jule, 31:

» *Als Kind wurde ich jahrelang von meinem Opa sexuell missbraucht. Da meine Eltern berufstätig waren, hat mich mein Opa immer vom Kindergarten abgeholt und mich bis zur Rückkehr meiner Eltern betreut. Er hat mit mir komische Spiele gespielt und sich – wie ich heute weiß – sexuell an mir befriedigt. Als Kind wusste ich nicht, dass Opas Spiele irgendetwas mit Sexualität zu tun haben könnten. Für mich fühlten sie sich aber irgendwie komisch und eklig an. Heute weiß ich, dass mein Opa mich manipuliert und mir suggeriert hat, dass seine ‚Spiele' mir auch Spaß gemacht hätten. Seine Gehirnwäsche bewirkte, dass ich mich schuldig fühlte und schämte und deshalb schwieg und meinen Eltern nichts davon erzählte. Erst als ich begann, mich selbst zu ritzen, reagierte meine Mutter und ging mit mir zum Kinderpsychologen, um die Ursache für mein selbstverletzendes Verhalten herauszufinden.* «

Oft dauert es – wie Jules Beispiel zeigt – Jahre, bis sexueller Missbrauch in der Familie aufgedeckt wird. Das hat auch damit zu tun, dass diese Gewalterfahrung mit tiefer Scham einhergeht, weil die Würde des Missbrauchsopfers beschädigt wurde. Betroffene wurden als Objekt behandelt, ihre Gefühle und Wünsche wurden missachtet und verletzt. Sie fühlten sich hilflos, ohnmächtig, beschmutzt.

Die in der Gewaltsituation erlebten Gefühle können lange Zeit anhalten, weshalb Betroffene häufig versuchen, sie zu verdrängen und ihr Verhalten so zu verändern, dass sie nicht in Situationen kommen, die sie an den sexuellen Missbrauch und die erlebten Gefühle erinnern. Sie entwickeln Vermeidungsverhalten, gehen beispielsweise nicht mehr aus, meiden bestimmte Orte oder machen sich zum Selbstschutz gefühlstot. Andere schämen sich und hassen ihren Körper für das, was ihnen angetan wurde. Sie verletzen sich selbst und versuchen ihren Körper zu bestrafen.

Paradox ist, dass sich nicht der Täter schämt, sondern das Opfer.

Suizid

Es geschieht häufiger als gedacht. Wer mit einem Suizid konfrontiert wird, kommt um die schmerzhafte Erfahrung nicht herum, dass im Umgang mit dieser Todesart vieles anders ist als bei einem natürlichen Lebensende.

Angehörige einer Person, die Suizid begangen hat, fühlen sich aus der Schar der Trauernden ausgeschlossen und stigmatisiert. Damit geraten sie ins Abseits und tragen schwer an der Verarbeitung ihres Verlustes.

Suizid und Suizidversuche werden bis heute tabuisiert. Ein Grund dafür könnte die Verdammung des Freitodes durch die drei großen Weltreligionen sein. Im Alten Testament wurde zunächst neutral über Selbsttötungen berichtet,[29] im 5. Jahrhundert führte der Kirchenvater Aurelius Augustinus jedoch den Begriff „Selbstmörder" ein. Die Selbsttötung wurde somit im Christentum moralisch dem Mord gleichgestellt. Gott, dem Schöpfer und Herrn über das Leben, allein stehe es zu, das Leben wieder zu nehmen, lautete die Begründung. Aus kirchlicher Sicht und Lehre war ein Selbstmord eine Todsünde, deshalb wurde Selbstmördern lange Zeit eine kirchliche Beisetzung verweigert. Ihr Begräbnis musste ohne jeden kirchlichen Ritus und meistens auch ohne Anwesenheit eines Priesters oder anderer Gemeindemitglieder stattfinden. In ländlichen Gegenden ist das heute noch so.

Lars, 47:

> *Mein Vater war schwer depressiv und hat den Freitod gewählt, um sich zu erlösen. Nach katholischem Kirchenrecht ist bei einem Suizid eine Bestattung auf einem katholischen Friedhof in geweihter Erde nicht zulässig. Deshalb musste seine Bestattung auf dem evangelischen Friedhof im Nachbarort stattfinden. Wir als Hinterbliebene empfanden das als sehr diskriminierend.*

Wer mit einem Suizid in der Familie konfrontiert wird, macht die Erfahrung, dass der Umgang damit auch deshalb besonders schwierig ist, weil bei Suiziden immer die Kriminalpolizei ermitteln muss. Erst wenn nachgewiesen ist, dass kein Fremdverschulden vorliegt, wird die Leiche zur Bestattung freigegeben.

Jeder Todesfall ist mit Trauer verbunden. Beim Suizid treten viele Gefühle hinzu, die bei anderen Todesarten vielleicht nur abgeschwächt vorkommen. Neben dem Schmerz, der mit dem Verlust einhergeht, stellen sich viele Angehörige die Frage nach dem Warum und ob sie den Suizid hätten verhindern können.

Während der natürliche Tod eines Angehörigen oft als Schicksalsschlag angenommen wird, treten bei einem Suizid fast immer Scham und Schuldgefühle auf. Man denkt, man hätte etwas falsch gemacht, etwas übersehen oder unterlassen. Neben Scham und Schuldgefühlen verspüren viele Betroffene häufig auch Wut, Ärger und das Gefühl, sie hätten versagt. Der Freitod wird – zumindest in manchen Gegenden – auch heute immer noch stigmatisiert. Damit geraten auch die Hinterbliebenen oft ins Abseits. Die Verarbeitung ihres Verlustes und der damit verbundenen Trauer ist dadurch besonders schwer.

3
Die emotionalen Begleiterscheinungen der Scham

Scham ist für alle Menschen ein mehr oder weniger unangenehmes, peinigendes Gefühl. Als destruktiv wird sie erlebt, wenn das *Selbstwertgefühl* dadurch angegriffen wird.

Ein beschädigtes Selbstwertgefühl zeigt sich in folgenden destruktiven Gefühlen:

- sich abgelehnt und wertlos fühlen
- sich hilflos fühlen
- sich schuldig fühlen
- sich verunsichert fühlen
- sich vernichtet fühlen

Sich abgelehnt und wertlos fühlen

Abgelehnt zu werden ist eine Demütigung, die die eigene Identität im Kern angreift. Hinter dem Gefühl, abgelehnt zu werden und wertlos zu sein, stehen immer *Selbstwertprobleme*. Ein Mensch mit einem stabilen Selbstwertgefühl, der zu sich und seinem Verhalten steht, nimmt die Ablehnung anderer nicht so stark wahr und lässt sich dadurch auch nicht verunsichern. Er wird darauf reagieren, indem er z. B. sagt: *„Kein Problem, nicht jeder kann mich mögen, ich mag ja auch nicht jeden!"*

Das durch Scham ausgelöste Gefühl, abgelehnt zu werden oder wertlos zu sein, ist nicht bei allen Menschen gleich. Bei Frauen findet es sich öfter als bei Männern, bei hochsensiblen, introvertierten Menschen häufiger als bei extrovertierten.

Die amerikanische Psychologin June Tangney hat eine Gruppe von Highschool-Schülern mittels Fragebögen zum Thema Scham befragt. Sie fand heraus, dass jene Schüler, die sich abgelehnt und entwertet fühlten und infolgedessen zu destruktiven Schamgefühlen neigten, mit sozialem Rückzug und einem ausgeprägten Risikoverhalten reagierten. Dadurch stieg bei ihnen die Wahrscheinlichkeit, von der Schule zu fliegen, Drogen zu nehmen oder kriminell zu werden.[30]

Die schlimmste Form von Ablehnung erfahren *unerwünschte Kinder*. Sie empfinden lebenslange Scham und das Gefühl, ein Nichts zu sein. Wie verheerend sich elterliche Zurückweisungen auf Kinder und ihr späteres Erwachsenenleben auswirken, zeigen zahlreiche Langzeitstudien.[31] Abgelehnte Kinder, die sich als „Betriebsunfall" empfinden und nicht die Erfahrung machen konnten, vorbehaltlos angenommen und um ihrer selbst willen geliebt zu werden, schämen sich ihrer Existenz und können keine Eigenliebe und Selbstakzeptanz entwickeln. Sie versuchen, besonders nett, anpassungsfähig und tüchtig zu sein, um über Leistung anerkannt zu werden. Das führt häufig dazu, dass sie extrem hohe Anforderungen an sich selbst stellen. Die destruktive Folge ist, dass sie sich dabei überfordern und sich bis zum Burn-out schädigen.

Aber auch in der Schule kann es zu Ablehnung und Ausgrenzung kommen, z. B. wenn Kinder über einen längeren Zeitraum schikaniert und attackiert werden, weil sie anders sind, aus einer anderen sozialen Schicht stammen, arm oder einfach nur sensibel sind. Die dadurch erlittene Scham kann sich in destruktiven Gefühlen gegen das Kind selbst richten. Weil solche Kinder die Entwertungserfahrung auf sich selbst beziehen, kommt es nicht selten vor, dass sie Selbsthass und in der Folge *autoaggressives Verhalten* entwickeln: Katrin knabbert ständig an ihren Fingernägeln, bis das Nagelbett zu bluten beginnt, Ben schlägt seinen Kopf gegen die Wand, Merle kratzt sich blutig und Nicole entwickelt eine Essstörung. Gesteigert wird die durch die Ablehnung ausgelöste Autoaggression dadurch, dass z. B. ein gemobbter Schüler sich nicht nur selbst Verletzungen zufügt, sondern sogar seinem Leben ein Ende setzt. Dazu gibt es zahlreiche traurige Beispiele im Bereich Cyber-Mobbing.

Michaela, 41:

> *Unsere Tochter Tina ist 14 Jahre alt und war schon als kleines Kind äußerst sensibel. Ihr Leidensweg begann mit der Pubertät. Weil sie sich nicht für das interessierte, was ihren Klassenkameradinnen wichtig war, wurde sie abgelehnt, gemobbt und ausgegrenzt. Weil*

Tina immer ein stilles Kind war, haben mein Mann und ich lange nichts von ihren Problemen mitbekommen. Erst durch Zufall habe ich herausgefunden, dass sie sich selbst verletzt. Wir kümmerten uns darum, dass sie in eine andere Schule gehen konnte, und fanden auch eine Therapeutin, die sie darin unterstützte, Strategien zu finden, um selbstbewusst zu sich und ihrer Hochsensibilität zu stehen. “

Es gibt zwar fast immer Zeichen, zum Beispiel bestimmte Verhaltensweisen, die einer Selbstverletzung vorausgehen, diese werden aber oft nicht richtig gedeutet. Das können zum Beispiel Bemerkungen sein, in denen sich die Jugendlichen selbst abwerten. Auch depressives Verhalten – die Betroffenen sind müde, wollen im Bett bleiben, wollen nicht zur Schule gehen – kann ein Warnsignal sein. Nach außen hin geben Jugendliche oft vor, dass alles in Ordnung sei.

Mit Ablehnung umzugehen kann sehr schwierig sein. Auch in der Liebe werden unerwiderte Gefühle als Zurückweisung erlebt, die als Entwertung empfunden wird. Sie können sich bestimmt noch an Ihren ersten Liebeskummer erinnern. Die Zurückweisung, die Sie ertragen mussten und die Sie beschämte, war sicher ein fundamentaler Angriff auf Ihr Selbstbewusstsein. Wer sich öffnet und einem anderen Menschen seine Gefühle offenbart, macht sich verletzlich. Aus dieser Angst heraus ziehen es manche Menschen vor, sich zu verschließen und allein zu bleiben, und geraten dadurch in Isolation.

Eine destruktive Folge von Scham aufgrund einer Ablehnungserfahrung ist *Stalking*. Oft handelt es sich bei Stalkern um narzisstisch veranlagte Männer, deren Selbstbild es nicht zulassen kann, dass ihre Frau sie verlassen hat. Sie stellen ihr nach, was in vielen Fällen für beide Seiten ein erhebliches Problem darstellt. Die Folgen für Stalkingopfer können u. a. Angst, Panikattacken, Depressionen, Schlafstörungen, psychosomatische Beschwerden, Arbeitsunfähigkeit, sozialer Rückzug und Einsamkeit sein. Doch auch die Stalker selbst leiden oftmals unter ihrem eigenen Verhalten und dessen Auswirkungen, wie innerer Leere, geringem Selbstbewusstsein, Scham- und Schuldgefühlen, Frustration, Kontrollverlust, Einsamkeit und sozialem Rückzug, Problemen mit Polizei und Justiz oder Verlust von Zeit und Energie.

Zurückweisung und Ablehnung sind Entwertungserfahrungen, die zu Scham und zum Empfinden von *Wertlosigkeit* führen und in Minderwertigkeitsgefühlen, schlimmstenfalls sogar in *Selbstablehnung* gipfeln können. Das ist fatal, denn ein Mensch, der kein stabiles Selbstwertgefühl hat, ist abhängig von der Wertschätzung anderer. Wird er nicht (mehr) wertgeschätzt oder sogar verlassen, bricht sein fragiles Selbstwertgefühl zusammen wie ein Kartenhaus.

Auch eine Kündigung kann das Gefühl von Minderwertigkeit und Wertlosigkeit und in der Folge destruktive Gefühle hinterlassen.

Ein Beispiel:

Für Markus, 51, kam die Kündigung per Hauspost. Der mittelständische Betrieb, in dem er 30 Jahre lang gearbeitet hatte und zuletzt sogar Ausbilder war, kündigte ihm mit den üblichen Floskeln: *„bedauerlicherweise"*, *„wir bitten Sie um Verständnis"*, *„leider"*, *„aufgrund der wirtschaftlichen Situation"* ... Die Kündigung wäre allein schon schlimm genug gewesen, aber wirklich unerträglich machte sie für Markus die Art, auf die sie ihm mitgeteilt wurde: mit einem Formschreiben, ohne ein persönliches Wort der Geschäftsleitung – und das nach 30 Jahren Betriebszugehörigkeit. Aussortiert! Nie hätte Markus gedacht, dass es gerade ihn treffen könnte. Mit seiner Qualifikation und Erfahrung hielt er sich für unentbehrlich. Eine Kündigung war in seinem Denken nicht vorgesehen gewesen, und dann noch auf diese Weise! Die Scham, so abserviert worden zu sein, war für Markus ein Tiefschlag und eine *Entwertungserfahrung*, von der er sich nicht mehr erholte. Seitdem ist er krankgeschrieben, sitzt in seiner Wohnung, ist schlecht gelaunt und antriebslos und vermeidet den Kontakt zu anderen Menschen.

Aber nicht jeder, der mit einer Kündigung konfrontiert wird und dadurch gezwungen ist, seine Lebensziele neu zu definieren, reagiert darauf wie Markus. Wie die folgende Anekdote zeigt, sollte man nie an sich und seinem Wert zweifeln:

Ein Coach zeigt in einem Seminar seinen Teilnehmern einen 50-Euro-Schein und fragt:

„Wer will diesen Geldschein haben?"

Alle Hände gehen hoch.

„Moment", sagt der Coach. Er zerknüllt den Schein und fragt erneut: *„Wer will ihn jetzt noch?"*

Alle Hände gehen erneut hoch.

„Und was, wenn ich das hier mache?"

Er nimmt den Schein, schmeißt ihn gegen die Wand, schlägt auf ihn ein, spuckt drauf, wirft ihn auf den Boden und stampft auf ihm herum. Dann hebt er ihn auf. Wieder stellt er die Frage an seine Seminarteilnehmer: *„Wer möchte den Schein haben?"*

Wieder gehen alle Hände hoch.

Dann sagt der Coach: *„Bitte vergessen Sie nie, was Sie hier gesehen haben. Was auch immer ich mit dem Schein mache, sein Wert bleibt derselbe. So ist es auch mit uns Menschen: Wir können beschimpft, angegriffen und abgewertet werden und doch ändert all das nichts an unserem Wert – wir verlieren unseren Wert nie!"*

Sich hilflos fühlen

Es gibt Situationen, denen wir uns hilflos ausgeliefert fühlen, uns schämen und nichts tun können, um das zu ändern. Dann fühlen wir uns in unserer Selbstwirksamkeit blockiert und haben unser Leben nicht mehr unter Kontrolle.

Unter Hilflosigkeit leiden z. B. Menschen, die gemobbt werden, sei es am Arbeitsplatz oder in der Schule. Die Betroffenen schämen sich oft, weil sie glauben, an den ständigen Schikanen selbst schuld zu sein. Sie fühlen sich den Angriffen hilflos ausgeliefert, ohnmächtig und alleingelassen und ziehen sich immer weiter zurück. Ihr Selbstwertgefühl ist zerstört.

Viele Eltern, besonders alleinerziehende Elternteile, fühlen sich permanent damit überfordert, allen Anforderungen in Beruf und Familie gerecht zu werden. Besonders während der Corona-Pandemie klagen viele Eltern über den Stress, Homeoffice und Kinderbetreuung unter einen Hut bringen zu müssen.

Hilflosigkeit empfinden die meisten Eltern auch in der schwierigen Phase der Pubertät. Zugeben zu müssen, dass man mit dem eigenen Kind nicht zurechtkommt und eine externe Erziehungsberatung oder einen Therapeuten braucht, ist für die Eltern eine schambesetzte Kapitulation.

Viele Eltern, denen Erziehungsoptionen für schwierige Situationen fehlen, verlieren oft im Stress ihre Impulskontrolle und greifen aus Hilflosigkeit zu körperlicher Züchtigung. Bei einer frechen Antwort des Kindes „rutscht ihnen die Hand aus", obwohl ihnen eigentlich klar ist, dass das nicht richtig ist. Später schämen sie sich für den Übergriff und empfinden ihn als Versagen.

Hilflosigkeit ist auch in der Altenpflege ein Problem. Alte Menschen schämen sich ihrer Hilflosigkeit und ihres Autonomieverlustes, weil sie die Kontrolle über sich und ihr Leben verlieren und das Bild, das sie von sich hatten, nicht mehr aufrechterhalten können. Sie verlieren zunehmend ihr Selbstwertgefühl, insbesondere weil andere in ihre intimsten Handlungen einbezogen werden müssen, wie etwa in die Körper- und Intimpflege.

Das Gefühl der Hilflosigkeit ist besonders auch in der Phase der Rollenumkehr zu beobachten. Waren früher die Eltern die Sorgenden, sind es nun die Kinder.[32]

Auch diese können Hilflosigkeit empfinden, weil sie mit ihren pflegebedürftigen Angehörigen in manchen Situationen vielleicht zu grob umgehen oder sie beschimpfen. Viele pflegende Angehörige schämen sich auch, weil sie der

Meinung sind, dass sie noch zu wenig leisten und eigentlich viel mehr für die Mutter oder den Vater tun müssten.

Eine Folge von Hilflosigkeit und Überforderung ist *häusliche Gewalt* (vgl. Kap. „Häusliche Gewalt", S. 73).

Sich schuldig fühlen

Schuldgefühle manifestieren sich häufig als *schlechtes Gewissen*. Wie bereits erläutert, umschreiben wir mit dem Wort *Schuld*, dass wir etwas getan – oder unterlassen – haben, das nicht richtig war. *Scham* bringt dagegen zum Ausdruck, dass etwas mit uns als Person nicht in Ordnung ist (s. Kap. „Der Unterschied zwischen Peinlichkeit, Scham, Beschämung, Schuld und Schande", S. 15).

Wer etwas tut, das verpönt oder verboten ist oder die eigenen moralischen Regeln verletzt, schämt sich nicht nur, er fühlt sich auch schuldig und versucht, sein Tun zu verheimlichen. Diese *Geheimnisse* können schwer auf der Seele lasten.

Scham, Schuld und Geheimnisse

Michael Slepian von der Columbia University in New York und seine Kollegen haben deshalb *Scham* und *Schuld* untersucht, die häufig mit Geheimnissen verknüpft sind. Im Rahmen ihrer Studie haben die Forscher 1.000 anonyme Probanden nach ihren Geheimnissen und den damit verbundenen Gefühlen befragt. Die Antworten ließen Rückschlüsse darauf zu, inwieweit die Studienteilnehmer eher Scham oder mehr Schuld im Zusammenhang mit ihrem Geheimnis empfanden. Die Probanden berichteten zudem darüber, wie oft sie über das Geheimnis nachgrübeln und wie häufig sie es aktiv verbergen müssen.

Die Auswertung der Befragung ergab: Probanden, die sich beschämt fühlten, dachten deutlich häufiger über ihre Geheimnisse nach als solche, die sich schuldig fühlten. Offenbar basiert dieser Unterschied auf den verschiedenen Effekten der beiden Emotionen, die sich in den Befragungsergebnissen ebenfalls widerspiegelten. Wer sich schämte, fühlte sich demnach oft *wertlos* oder machtlos, während Schuldgefühle eher dazu führten, dass die Betroffenen Reue oder Druck empfanden. Letztere Gefühle führen aber offenbar nicht so sehr dazu, dass eine Person über ein Geheimnis nachdenkt, wie das Gefühl, wertlos zu sein, so die Wissenschaftler.[33]

Fahrerflucht

Jahr für Jahr stehlen sich viele Unfallverursacher unerkannt davon.

Ein Beispiel:

Bei einer Probefahrt einer jungen Familie muss der Fahrer einem Porsche ausweichen, der nach einem missglückten Überholmanöver direkt vor seinem Fahrzeug einschert. Der Fahrer reißt das Lenkrad herum, sein Wagen gerät ins Schleudern und kracht gegen ein entgegenkommendes Auto. Der junge Familienvater und seine Frau werden schwer verletzt und sterben. Nur der Sohn auf der Rückbank überlebt.

Aber der Porsche-Fahrer gibt Gas und rast davon.

Die juristische Lage ist klar: Der Porsche-Fahrer hat durch den Unfall und die Fahrerflucht eine Straftat begangen und *Schuld* auf sich geladen. Er hat seine Schuld außerdem dadurch erhöht, dass er seinen Pflichten am Unfallort nicht nachgekommen ist:

- Unfallstelle sichern,
- Polizei und Notarzt benachrichtigen,
- Erste Hilfe leisten,
- auf das Eintreffen von Polizei und Feuerwehr warten.

Es interessiert hier nicht, *warum* der Unfallverursacher seinen Pflichten nicht nachgekommen ist, z. B. weil er überfordert war, nicht mehr rational denken konnte, unter Schock stand und im Ausnahezustand war. Es geht um die seelischen *Folgen*, die an diese Schuld geknüpft sind.

Wenn durch eigenes Verschulden ein Mensch ums Leben gekommen ist, beschäftigt man sich lebenslang damit. Das Schuldgefühl potenziert sich, wenn über den tödlichen Unfall und die Fahrerflucht auch noch in den Medien berichtet wird. Das setzt geflüchtete Unfallfahrer zusätzlich unter Druck. Zum schlechten Gewissen kommt dann noch die Scham.

Kriminalität in der Familie

Wenn das eigene Kind straffällig geworden ist, leiden besonders die Eltern. Immer wieder fragen sie sich: „*Was haben wir falsch gemacht? Wie hätten wir das verhindern können?*" Aber auf diese quälenden Fragen gibt es selten klare Antworten. Die Eltern fühlen sich *indirekt schuldig*. Hinzu kommt die Scham, die häufig so groß ist, dass sie sich niemandem anvertrauen und mit ihrer Last allein bleiben.

Luise, 54:

> „*Eines Tages stand plötzlich die Polizei vor unserer Tür, um uns mitzuteilen, dass unser Sohn festgenommen worden war, weil der dringende Verdacht bestand, dass er einen bewaffneten Tankstellenüberfall begangen hatte. Entsetzen, Scham, Ratlosigkeit, Schuldgefühle – mein Mann und ich durchlebten in den nächsten Tagen, Wochen und Monaten ein emotionales Chaos. Die bohrende Frage nach dem Warum beschäftigte uns ebenso wie das Scham- und Schuldgefühl, bei der Erziehung versagt zu haben.*"

Wenn Kriminalität in der Familie bekannt wird, wird sie zum Stigma. Um das zu vermeiden, wird sie zu einem tabuisierten *Familiengeheimnis*.

Wenn Straftaten aus einer Familie bekannt werden, werden die Angehörigen immer mitbestraft, wie aus dem folgenden Fall hervorgeht: 2010 wurde der zehnjährige Mirco aus Grefrath am Niederrhein sexuell missbraucht und ermordet. Durch die brutale Tat wurden zwei Familien zerstört, die des Opfers und die des Täters. Die Mutter des Täters erklärte in einem Interview: *„Ich kann mich über nichts mehr freuen, meine Seele leidet.“*[34] Die Ehefrau des Täters ließ sich scheiden und nahm ihren Mädchennamen wieder an. Sie zog mit ihrer kleinen Tochter zu ihrer Mutter und brach den Kontakt zur Familie ihres Ex-Mannes ab.

Häufig ziehen die Angehörigen eines Straftäters auch in eine andere Gegend, in der sie unbekannt sind und unbelastet neu anfangen können.

Der Missbrauch von Scham- und Schuldgefühlen

Da Scham- und Schuldgefühle immer den innersten Kern der Persönlichkeit treffen, können sie auch durch *Manipulation* missbraucht werden. Man missbraucht Scham- und Schuldgefühle einer anderen Person, indem man ihr etwas vorwirft, für das sie sich schämt. Manipulatoren sind Meister darin, an Schuldgefühlen anzudocken, ein schlechtes Gewissen auszulösen und damit Menschen zu etwas zu bewegen, das sie eigentlich nicht möchten.

Scham- und Schuldgefühle werden auch in Paarbeziehungen missbraucht, z. B. wenn etwas, wofür man sich schämt und das man seinem Partner anvertraut hat, gegen einen verwendet wird. Damit gewinnt derjenige, der das Vertrauen missbraucht, Macht über die Scham- und Schuldgefühle des anderen.

Heike, 44:

> *Als ich meinen Mann kennenlernte, war ich bereits Beamtin auf Lebenszeit, wollte von Anfang an total ehrlich sein und habe ihm anvertraut, dass ich schon einmal einen Versicherungsbetrug begangen hatte, der mir immer noch ein schlechtes Gewissen bereitete.*

Bereits in der ersten Krise, als ich mich trennen wollte, drohte mein Mann mir damit, mich ans Messer zu liefern. Für mich als Beamtin hätte das existenzielle Folgen gehabt. Nie hätte ich mir in meiner Verliebtheit und in meinem grenzenlosen Vertrauen träumen lassen, dass er mein Vertrauen missbrauchen würde, um Macht über mich zu gewinnen. "

Der Missbrauch von Scham- und Schuldgefühlen ist auch ein Mechanismus von *Mobbing* und zielt darauf ab, die Gefühle des Opfers so zu manipulieren, dass sich dieses schuldig fühlt.

Mobbing gibt es auch in Partnerschaften. Mobbende Partner verfolgen die Absicht zu verletzen, Macht auszuüben, Recht und Kontrolle zu behalten. Um dieses Ziel zu erreichen, werden – wie bei Heike – lange verjährte Sündenregister wieder aktiviert, um genügend Munition für die nächste Attacke zu haben. Mit Unterstellungen und Manipulationen wird versucht, den Partner unter Druck zu setzen, zu destabilisieren und zu verunsichern.

Mobbing geschieht nicht ohne Grund. Oft leidet der Mobbende selbst unter Scham- und Schuldgefühlen. Um diese nicht fühlen zu müssen, werden andere gezwungen, sich zu schämen. Dazu werden sie beschämt, verhöhnt, entwürdigt, schikaniert, verachtet, wie Luft behandelt, zu Objekten gemacht und ausgegrenzt.

Auch in der Erziehung werden häufig Scham- und Schuldgefühle als Mittel zur emotionalen Erpressung eingesetzt. Sätze wie *„Wenn du das nicht für mich tust, kann ich dich auch nicht liebhaben"* oder *„Du bist schuld, dass es mir schlecht geht"* können dazu führen, dass sich ein Kind auch im späteren Leben immer die Schuld geben und unbewusst davon überzeugt sein wird, dass es für die Gefühle des anderen verantwortlich ist. Die implantierten Scham- und Schuldgefühle wirken dann lebenslang als emotionale Zwangsjacke. Das permanente schlechte Gewissen führt oft zu einer weiteren und lang andauernden emotionalen Belastung.

Sich verunsichert fühlen

Scham verunsichert und kann schlimmstenfalls massive Selbstzweifel und Versagensängste zur Folge haben, die zu einer chronischen Lebenswunde werden. Wird der dadurch verursachte latente Leidensdruck nicht verarbeitet, kann er sogar zu psychosomatischen Erkrankungen führen.

Besonders schwer wiegt es, wenn eine schamauslösende Kränkung von nahestehenden Menschen ausgeht. Wenn z. B. ein Kind seiner Mutter zum Geburtstag ein Bild gemalt hat, das es am nächsten Tag im Müll entdeckt, fühlt es sich und sein Geschenk entwertet und wird dieses Schlüsselerlebnis sein ganzes Leben lang nicht vergessen. Wer so etwas mehrfach erleben musste, empfindet *Selbstzweifel*.

Diese Selbstzweifel entspringen einer lähmenden *Unsicherheit* und sind Saboteure des Erfolgs und des Glücks. Gelegentliche Unsicherheit ist völlig normal, chronisch aber wirkt sie sich fatal aus. Den Betroffenen fehlt die Fähigkeit, sich selbst wertzuschätzen.

Der Wille, immer sein Bestes zu geben, kann enorm motivieren. Bei Menschen mit Selbstzweifeln aber führt er in eine Abwärtsspirale, denn egal, was sie erreichen, es reicht nie. Mehr noch: Die permanent selbstkritische innere Stimme, auch „innerer Kritiker" genannt, führt dazu, dass sich die Zweifel an sich selbst noch verstärken. So gibt es Menschen, die selbst nach einer bestandenen Prüfung unfähig sind, an ihre eigene Leistung zu glauben. Vielmehr sind sie davon überzeugt, ihre Erfolge durch Glück erreicht zu haben, nicht aber durch ihre Fähigkeiten. Selbst wenn sie über Expertenwissen verfügen und um Rat gefragt werden, denken sie: *„Es gibt garantiert eine bessere Antwort."* oder *„Wahrscheinlich werden die anderen gleich merken, dass ich keine Ahnung habe!"*.

Versagensangst als Folge von Selbstzweifeln und Unsicherheit

Menschen, die unter Selbstzweifeln leiden, sind besonders verunsichert. Die Angst zu versagen ist ein großes Hemmnis für sie. Sie sind auf Fehlervermeidung ausgerichtet, nicht etwa, weil sie mit Enttäuschungen nicht umgehen können, sondern aus Schamgefühl.

Versagensängste gehören zu den sozialen Ängsten. Wer unter Versagensängsten leidet, befürchtet, so, wie er ist, von anderen nicht akzeptiert, nicht gemocht oder gar aus der Gemeinschaft ausgestoßen zu werden.

Diese Grundangst, nicht mehr zu einer Gemeinschaft zu gehören, ist genetisch in uns festgelegt. In der Steinzeit war es tatsächlich lebensgefährlich, von seinem Stamm ausgestoßen zu werden, denn allein konnte man kaum überleben. Heute gibt es zwar nicht mehr so viele wilde Tiere und wir würden in unserem Alltag auch allein zurechtkommen, dennoch ist dieses Überlebensprogramm immer noch in uns aktiv. Eine wichtige Rolle spielt dabei das *Schamgefühl:* Wenn wir uns einmal nicht korrekt verhalten oder einen groben Fehler gemacht haben, zeigt es uns, dass wir Gefahr laufen könnten, den Respekt oder die Akzeptanz der Gruppe zu verlieren. Versagensängste und Schamgefühl gehen praktisch Hand in Hand.

Je geringer unsere Selbstsicherheit und unser Selbstwertgefühl sind, desto größer ist unsere Versagensangst. Sie verhindert, dass wir Entscheidungen treffen und etwas Neues beginnen können, und gehört zu den größten Blockaden des persönlichen Erfolgs.

Wir wissen, dass jede Aufgabe, jede Prüfung, jedes Wagnis, jede Herausforderung neben einer Chance auch das Risiko beinhaltet zu scheitern. Grundsätzlich ist es normal, dass man Respekt oder auch etwas Angst vor unbekannten, möglicherweise sogar riskanten Situationen hat. Leiden Menschen aber generell unter Versagensängsten, kann das zu einer enormen Belastung werden. Betroffene sind dann nicht mehr in der Lage, im entscheidenden Moment ihr volles Potenzial abzurufen – oder aber sie geben schon vorher auf, aus Angst vor Fehlern, Kritik oder Ablehnung.

Selbstsabotage als Folge von Versagensängsten

Eine negative Folge von Versagensängsten ist die *Selbstsabotage.* Sie behindert Betroffene nicht nur bei ihren Möglichkeiten und Chancen, sondern kann schlimmstenfalls in einer ausgeprägten Angststörung enden.

Pascal, 16:

> *Allein schon der Gedanke an das Referat in der folgenden Woche trieb mir den Puls in die Höhe und den Schweiß auf die Stirn. Blitzartig tauchten Bilder in meinem Kopf auf, in denen ich mit rotem Kopf und stotternd vor der Klasse stehe, Bilder, in denen ich wegen eines Versprechers ausgelacht werde. Ein heißes Gefühl von Scham durchlief mich bei dem Gedanken an den Auftritt vor der Klasse. Aus Angst, mich zu blamieren, bat ich unseren Hausarzt, mir ein Beruhigungsmittel zu verschreiben.*

So wie Pascal ergeht es vielen Menschen, die unter Versagensängsten leiden. Wichtig ist es, sich klarzumachen, dass das größte Hindernis, um Versagensängste zu überwinden, häufig in unserer mentalen Beschränkung liegt. Selbstsabotage lässt Menschen zuerst resignieren und dann kapitulieren. Henry Ford formulierte es einmal so: „*Es gibt mehr Menschen, die kapitulieren, als solche, die scheitern.*" Und von Coco Chanel ist folgendes Zitat überliefert: „*Am häufigsten sind die Menschen erfolgreich, die wissen, dass Versagen unvermeidlich ist.*" Beide Zitate zeigen, dass fast alles eine Frage der Einstellung ist und der Schlüssel zur Lösung bzw. Veränderung im Kopf liegt.

Perfektionismus als Folge von Versagensängsten

Es gibt aber auch eine komplett gegenteilige Reaktion auf Versagensängste, die sich in übersteigerten Ambitionen und Aktionismus ausdrückt: den *Perfektionismus.* Damit versuchen die Betroffenen, ihre Angst vor Scham und Scheitern unter Kontrolle zu halten. Die Folgen reichen von klassischen Stresssymptomen über die Kompensation durch Alkohol und Drogen bis hin zu einem Burn-out.

In unserer Kultur sind wir von Perfektionismus umgeben. Überall finden wir Werbungen, Zeitschriften, Diät- und Fitnessprogramme, die uns dazu verleiten, den perfekten Körper, die perfekte Gesundheit, das perfekte Haus und die perfekte Familie erreichen zu wollen. Wir orientieren uns dadurch an unerfüllbar hohen Standards, die Druck erzeugen und Versagensängste fördern.

Der Psychotherapeut Raphael Bonelli konstatiert in seinem Buch „Perfektionismus. Wenn das Soll zum Muss wird“[35], dass Perfektionismus in unserer Gesellschaft massiv zugenommen hat, epidemisch geworden ist. Hinzu kommt, dass Fehler nicht mehr toleriert werden.

Versagensangst hat auch mit dem gestiegenen Leistungsdruck in unserer Gesellschaft zu tun. Besonders betroffen von dieser Angst, eine geforderte Leistung nicht erbringen zu können, sind junge Menschen.

Mirja, 23:

> „*Die anderen schaffen es doch auch alle. Wenn ich es nicht schaffe, bin ich eine Versagerin.*“

Sich vernichtet fühlen

Viele Kinder werden in der Schule gedemütigt, leiden unter Mobbing durch Mitschüler und manchmal unter dem Machtmissbrauch eines Lehrers. Sie empfinden die Schule als Psycho-Krieg, dem sie hilflos ausgesetzt sind, fühlen sich tief gekränkt und manchmal sogar seelisch vernichtet. Dieses Problem wird jedoch selten thematisiert. Wie schlimm öffentliche Herabsetzungen und Demütigungen sind, die ein Kind im Laufe seiner Schulzeit in der und durch die Schule erlebt, mag folgendes Beispiel verdeutlichen:

Marc, 14:

> *Ich habe Angst vor dem Mathematikunterricht, weil ich kein guter Schüler bin und mein Lehrer immer vor der Klasse sagt: ‚Ich sehe für deine Zukunft schwarz, du bist einfach zu blöd. Du solltest dir im Sekretariat einen Abmeldeschein abholen.' In letzter Zeit nimmt er mich häufig dran, weil er weiß, dass ich nichts verstehe. An manchen Tagen kommt er mir vor wie ein Raubtier, das auf der Suche nach einem Opfer ist. Ich kriege Schweißausbrüche, wenn ich an der Tafel vor der ganzen Klasse vorrechnen soll und es nicht kann. Aus Angst, wieder zu versagen, fange ich dann an zu zittern und weiß gar nichts mehr. Ich fühle mich vorgeführt und am Pranger. Warum trägt mein Lehrer mir nicht gleich einen Sechser ein, warum muss er mich quälen und blamieren? Ich glaube, dass er meine Unsicherheit genießt. Ich bin dann total blockiert, während er grinst und sagt: ‚Für dich müsste die Note 8 einführt werden.' Ich fühle mich gedemütigt und öffentlich vernichtet.*

Vernichtend können auch Demütigungen im Internet sein. Ein peinlicher Tweet, und die Unbeschwertheit des bisherigen Lebens ist zu Ende. Mobbing, Shitstorms und Hass-Mails treffen mittlerweile nicht mehr nur Prominente.

Wenn man öffentlich gedemütigt oder mit angeblichem eigenem Fehlverhalten konfrontiert wird, fühlt man sich entwertet und vernichtet. Früher geschahen Demütigungen vor den Augen einer begrenzten Öffentlichkeit, aber im globalen Netz sind sie für jeden sichtbar. Man hat zwar die Möglichkeit, rechtlich dagegen vorzugehen, aber das ist zeitaufwendig und kostspielig.

Im Schutz weitgehender Anonymität kann jeder seinen eigenen Pranger im Netz errichten. Cyber-Mobbing ist deswegen eine so schwerwiegende Angelegenheit, weil es die Betroffenen vor einem noch größeren Publikum bloßstellt als „nur" vor Arbeitskollegen oder Schulkameraden. Hinzu kommt, dass sich das beleidigende und diffamierende Material – sei es ein Foto, ein Video oder ein Fake-Profil – in einem sozialen Netzwerk rasend schnell verbreitet und dauerhaft verfügbar bleibt. Besonders Jugendliche empfinden Cyber-Mobbing als digitale Hinrichtung.

Es ist offensichtlich in Mode gekommen, sich nicht mehr persönlich mit einzelnen Menschen auseinanderzusetzen, sondern sich direkt an die breite Masse zu wenden. Z. B. kann ein Jugendlicher, der bei Instagram durch manipulierte Fotos als „sexuell pervers" an den Pranger gestellt wird, kaum etwas dagegen tun. Er fühlt sich öffentlich entehrt und vernichtet. Manche treibt das sogar in den Suizid.

Wer andere anonym demütigt, riskiert nichts, ermuntert aber die Niedertracht beim Online-Publikum. Dabei gerät aus dem Blick, dass das ein Attentat auf die Würde des Menschen ist.

Neurologische Erkenntnisse über Scham

Sören Krach und Frieder Paulus, Wissenschaftler an der Philipps-Universität Marburg, berichten in einer Studie[36] über Ergebnisse, die sie mittels Verhaltensexperimenten und funktionaler Magnetresonanz-Bildgebung (FMRT) erzielt haben. Sie fanden in der Studie mit 1.400 Probanden heraus, dass es für das Gefühl der *Fremdscham* unerheblich ist, ob sich die Scham-auslösende Person absichtlich oder unabsichtlich einen Fauxpas leistet. Auch ob sie überhaupt selbst bemerkt, dass ihr Verhalten peinlich ist, spielt keine Rolle.

Aber auch das ging aus der Studie hervor: Nicht jeder schämt sich in gleichem Maße für andere. Menschen mit mehr Einfühlungsvermögen sind anfälliger für die großen und kleinen Peinlichkeiten ihrer Mitmenschen. Bei empathischen Menschen zeigte sich auch eine stärkere Aktivierung der Netzwerke im Gehirn.

Für das Fremdschämen müsse sich ein Verständnis dafür entwickelt haben, welche sozialen Normen es gibt und wann sie gelten. Das sei – so die Wissenschaftler – nicht immer einfach, insbesondere für Autisten, die Probleme damit haben, eine Normverletzung zu erkennen, wodurch ihnen eine wesentliche Voraussetzung fehle, um sich fremdzuschämen.

Die beiden Psychologen untersuchten mit ihrem Forschungsteam außerdem 32 Versuchsteilnehmer mithilfe einer funktionalen Magnetresonanztomografie, um herauszufinden, welche Gehirnareale aktiv sind, wenn Menschen sich fremdschämen. Sahen die Probanden Zeichnungen von Menschen in peinlichen Situationen, waren die gleichen Bereiche im Gehirn aktiv wie jene, die bei der Beobachtung körperlicher Schmerzen anspringen.

Wenn Zurückweisung, Ablehnung oder Ignoriert-Werden wehtun, nennt man das in den Neurowissenschaften „soziale Schmerzen". Die Verarbeitungsprozesse bei schmerzhaften Erfahrungen sozialer Ablehnung sind die gleichen wie bei einem rein körperlichen Schmerzreiz.[37]

4
Der problematische Umgang mit Scham

Wenn wir Scham empfinden, müssen wir uns entscheiden, wie wir mit diesem peinigenden Gefühl umgehen wollen. Die meisten Menschen versuchen, ihre Scham zu tarnen oder zu maskieren.

Diese Maskierungen sind Abwehrmechanismen, die, psychologisch betrachtet, dem Zweck dienen, das Selbstbild nach außen zu schützen. Es gibt sehr unterschiedliche Abwehrmechanismen, um Scham erträglicher zu machen.

Bestreiten

Bestreiten oder Verneinen sind häufige und reflexhafte Abwehrmechanismen gegen Scham. Alle Eltern kennen die spontane Reaktion eines Kindes, wenn es etwas angestellt hat und dafür zur Verantwortung gezogen wird. Auf die Frage: *„Hast du das kaputtgemacht?"* wird es fast immer automatisch antworten: *„Nein, ich war das nicht, ich schwöre!"* Das Kind nutzt Bestreiten unbewusst zur Schamabwehr und dazu, sich Verantwortung und Strafe zu entziehen.

Ganz besonders häufig greifen Menschen zur Schamabwehr durch Bestreiten, wenn es darum geht, Selbstbild und Ansehen zu wahren.

Ein Beispiel:

Menschen mit einer Essstörung – besonders Bulimiker – tarnen ihr Suchtverhalten durch eine perfekte Fassade. Nach außen erscheinen sie schlank und gepflegt. In Gegenwart Dritter ernähren sie sich vernünftig und diszipliniert. Doch wenn sie allein sind, leiden Betroffene regelmäßig unter unkontrollierbaren Essattacken. Scham und Ekel vor sich selbst treiben sie schließlich dazu, die aufgenommene Nahrung umgehend durch Erbrechen wieder loszuwerden. Vor anderen wollen Bulimiker möglichst unauffällig sein. Deshalb wirkt es besonders fatal, wenn sie sich ertappt fühlen. Dann reagieren sie reflexhaft mit spontanem Abwehrverhalten: Leugnen und Bestreiten.

Lina, 21:

> *Während meiner Pubertät litt ich unter Bulimie, die zwar lange Zeit niemand bemerkt hat, die aber bei mir Scham und Selbsthass ausgelöst hat. Eines Tages bekam meine Freundin, die gleichzeitig mit mir auf der Toilette der Disko war, mit, dass ich mich übergab. Sie fragte mich ganz besorgt, ob mir etwas nicht bekommen sei. Mit ‚Alles in Ordnung, mir geht es gut' bestritt ich ihre Wahrnehmung. Aus Scham darüber, dass sie etwas mitbekommen hatte, das ich akribisch zu verbergen versuchte, brach ich mit fadenscheinigen Argumenten den Kontakt zu ihr ab.*

Dieses Beispiel zeigt, welche Folgen es haben kann, einen Bulimiker mit seiner Esssucht zu konfrontieren, wenn auch in bester Absicht. Schlimmstenfalls brechen diese Personen den Kontakt zu demjenigen ab, durch den sie sich enttarnt fühlen.

Eine Heilung der Essstörung kann nur erfolgen, wenn Betroffene es schaffen, die Mauer des Schweigens zu durchbrechen. Erst dann ist der Weg frei, um sich professionelle Hilfe zu suchen.

Rückzug

Scham isoliert und treibt den Beschämten dazu, sich zu verstecken und klein zu machen. Um weitere Beschämungen zu vermeiden, zieht er sich zurück, indem er Beziehungen zu anderen Menschen abbricht. Dieses Verhalten entsteht durch den Glauben, nicht in Ordnung zu sein, d. h. das Selbstwertgefühl der betroffenen Person ist beschädigt. Der Rückzug durch „Einigeln" und der Kontaktabbruch ist eine Vermeidungsstrategie, die zwar verhindert, erneut Scham empfinden zu müssen, leider aber auch in die Isolation führt.

Neben dem Verlust von allen sozialen Verbindungen besteht auch die Gefahr, sich in Suchtmittel, z. B. Alkohol, Medikamente oder synthetische Drogen, zurückzuziehen und davon abhängig zu werden. Diese Suchtmittel verändern die Wahrnehmung und senken die Hemm- und Schamschwelle.

Vermeidung und Verdrängung

Wir alle haben gelernt, uns gegen Schamgefühle zu wappnen. Allerdings unterscheiden sich die Menschen in der Art und Weise, wie sie sich vor Scham zu schützen versuchen.

Vermeidung und Verdrängung sind oft verwendete Methoden der *Schamabwehr*. So gut *Vermeidung* akut helfen kann, hat sie aber auch ihre Tücken, denn je mehr Situationen man grundsätzlich vermeidet, weil dort ein Defizit sichtbar werden könnte, das man lieber schamhaft verbirgt, desto enger und eingeschränkter wird das Leben.

Aus Scham vermeiden es viele sozial schwache, bedürftige Menschen, ihnen zustehende Sozialleistungen zu beantragen.

Margot, 71:

> „*Ich bin geschieden, habe drei Kinder allein großgezogen und durchgängig Teilzeit gearbeitet. Infolgedessen liegt meine Rente deutlich unter den Sozialbezügen. Ich hätte Anspruch auf staatliche Unterstützung, auf die ich jedoch verzichte, weil ich mich schäme, von staatlichen Leistungen abhängig zu sein. Die Beantragung von Sozialleistungen wäre für mich eine Demütigung.*“

Dieses Beispiel zeigt, dass manche Menschen auf ihnen zustehende Sozialleistungen verzichten, um nicht mit dem für sie unerträglichen Gefühl der Scham konfrontiert zu werden.

Andere Beispiele für Vermeidungsverhalten:

- *„Eigentlich macht mir Sport großen Spaß, ich wäre gern auch eine gute Sportlerin. Meine Leistungen sind im Vergleich mit anderen aber leider nur mittelmäßig. Am besten, ich verlasse den Sportverein."*
- *„Ich wünsche mir, in meinem Bekanntenkreis auch mal im Mittelpunkt zu stehen, bin aber zu schüchtern, um mir den dazu erforderlichen Raum zu verschaffen. Eigentlich sind meine Bekannten sowieso viel zu oberflächlich. Da bleibe ich lieber allein."*
- *„Wenn ich meiner Kollegin im Aufzug begegne, weiß ich nicht, was ich sagen soll. Am besten, ich benutze die Treppen."*

Im Gegensatz zur Vermeidung ist die *Verdrängung* ein fundamentaler Abwehrmechanismus, der das seelische Überleben nach peinigender Scham ermöglicht und *„der dazu dient, innerseelische oder zwischenmenschliche Konflikte dadurch zu regulieren, dass tabuierte oder bedrohliche Sachverhalte oder Vorstellungen von der bewussten Wahrnehmung ferngehalten werden"*[38].

Aus meiner Beratungspraxis ist mir ein besonderer Fall in Erinnerung, in dem auch Schamvermeidung durch Verdrängung eine Rolle spielte.

Eine Mutter suchte Rat:

„Meine Tochter ging nach dem Abitur zum Studium ins Ausland. Es war ein Neuanfang in einem neuen Umfeld. Die Fernbeziehung, die sie mit ihrem Freund aufrechtzuerhalten versuchte, scheiterte. In ihrer Lebenskrise als junge Studentin in einer fremden Stadt und nach einer Trennung wurde sie von einer sympathischen Kommilitonin angesprochen. Sie freute sich über diesen neuen Kontakt. Immer wieder wurde meine Tochter zu verschiedenen Veranstaltungen eingeladen. Alles fühlte sich für sie locker und fröhlich an. Sie war umgeben von netten, sympathischen Menschen, konnte mit jedem über alles reden und wurde mit Wohlwollen und Verständnis überschüttet. Sie hatte ein Glücks-

gefühl, als würde sie auf Wolken schweben, und merkte dabei nicht, dass sie in die Fänge einer Sekte geraten war. Gott sei Dank schaffte sie aus eigener Kraft den Ausstieg.

Als nach einigen Jahren unsere jüngste Tochter über eine Freundin ebenfalls in die Fänge einer Sekte geriet, hoffte ich, in unserer älteren Tochter Unterstützung zu finden. Das war leider nicht der Fall. Vermutlich hat sie diese Episode ihres Lebens zum Selbstschutz verdrängt. Ihr Selbstbild konnte es wahrscheinlich nicht zulassen, als intelligenter Mensch auf eine Sekte hereingefallen zu sein."

Vermeidung und Verdrängung sind aber selten erfolgreiche Methoden, um sich vom Schamgefühl zu befreien, denn im Gegensatz zur „gesunden" Scham (s. Kap. „Die gute Seite der Scham: der unsichtbare Selbstschutz", S. 24), die Grenzen aufzeigt und uns dadurch vor Verletzungen schützt, zeigt sich die negative Seite der Scham (s. Kap. „Die schlechte Seite der Scham: die Beschädigung von Selbstbild und Selbstwertgefühl", S. 25) in Form von Süchten, Zwängen und Neurosen, die das Leben beherrschen. Therapeuten sprechen dann von *toxischer Scham.*

Im Gegensatz zu gesunder Scham, die ein Hinweis darauf ist, etwas falsch gemacht zu haben, vermittelt toxische Scham das Gefühl, falsch zu sein. Während sich gesunde Scham auf ein bestimmtes Verhalten bezieht, dessen man sich schämt, bezieht sich toxische Scham auf das Sein, mit dem vernichtenden Gefühl, nicht „richtig", irgendwie fehlerhaft, beschädigt, wertlos, inkompetent oder nicht willkommen zu sein. Betroffene haben dann eigentlich nur zwei Möglichkeiten: von der Erdoberfläche zu verschwinden oder einen absolut perfekten Eindruck in allen Lebenslagen zu machen.

Wer unter toxischer Scham leidet, empfindet *Gesichtsverlust,* ist bedrückt von der Angst, man könnte ihn bloßstellen. Das führt häufig zu einem Leben in seelischer Isolation. Der Betroffene steht mit sich selbst im Konflikt und dadurch gleichzeitig mit seiner Umwelt. Toxische Scham wirkt wie ein seelisches

Gefängnis, das vom Leben trennt, Betroffene mit Gefühlen der Wertlosigkeit konfrontiert und ihnen suggeriert: *„Du bist nicht liebenswert. Du bist schlecht und somit bist du auch schlecht für andere."*

Die Folgen von toxischer Scham sind Unsicherheit, Isolation und quälende Selbstzweifel, die zur Hoffnungslosigkeit, zum inneren Rückzug und schlimmstenfalls zu einer chronischen Depression führen können. Toxische Scham führt zur Selbstverachtung und ist eine Qual, ein Leiden, das die Seele vergiftet. So bezeichnet es der Neuropsychiater Boris Cyrulnik in seinem Buch „Scham. Im Bann des Schweigens. Wenn Scham die Seele vergiftet"[39]. Während uns die natürliche Scham z. B. davor bewahrt, nackt durch die Stadt zu laufen, führt *krankhafte Scham* zu belastenden und einschränkenden *Zwangsgedanken* und *Zwangserkrankungen.*

Isabel, 31:

> *In der Enge meiner Wahrnehmung war mir nicht bewusst, wie sehr mein Verhalten von eingefahrenen Verhaltensmustern bestimmt wurde. Scham und Angst legten den engen Spielraum fest, in dem ich mich anderen gegenüber sicher fühlte und ihnen begegnete. Eine wichtige Rolle spielte ganz sicher mein Schamgefühl, weil ich mich immer als nicht richtig und nicht gut genug empfand. Mit aller Kraft versuchte ich, meine Schwächen vor meiner Umwelt zu verbergen. Ich denke jetzt oft in entscheidenden Situationen, vor allem im Kontakt mit anderen Menschen, daran, was wohl passieren würde, wenn ich mich so zeigte, wie ich bin. Warum nur denke ich immer, dass sich meine Mitmenschen über mich lustig machen oder sich sogar von mir abwenden könnten? Und selbst wenn, was wäre so schlimm daran? Erst in einer Therapie habe ich gelernt, meine übertriebene Scham, die mich so einengte, zu überwinden.*

Isabel hat erkannt, welch entscheidende Rolle Scham in ihrem Leben spielte. Die Therapie war für sie ein Weg aus dem selbst errichteten Gefängnis, da sie sich mit ihrer krankhaften Scham auseinandersetzen konnte. Im Gegensatz zu Isabel *verdrängen* die meisten Menschen dieses schmerzhafte Gefühl.

Toxische Scham kann sich verselbstständigen und zu Suchtverhalten und in der Folge zu neuer Scham führen. Besonders für Männer, die sich über ihren Beruf definieren, kann der veränderte soziale Status z. B. nach einer Kündigung eine *narzisstische Kränkung* bedeuten, die zu toxischer Scham führen kann. Die mit dem Berufsaustritt verbundenen Veränderungen bedeuten für diejenigen, die sich als unentbehrliche „Macher" gesehen haben, eine Zumutung, die sich in der Frage verdichten kann: *„Was bin ich, wenn ich nichts mehr bin?"*

Viele Menschen erleben dieses Gefühl durch ihre Pensionierung. Sie verlieren ihren beruflichen und gesellschaftlichen Status, leiden unter *Bedeutungsverlust* und werden nicht selten am Ende depressiv. Ein Diplom-Ingenieur, der sich beispielsweise nur über seinen Beruf identifiziert hat und als Bauleiter eine Führungsposition innehatte, fühlt sich nach dem Ausscheiden aus dem Berufsleben entwertet und schämt sich, weil sein Können und seine Erfahrung nicht mehr gefragt sind. Findet er keinen Ausgleich durch eine andere Tätigkeit, wie z. B. durch eine Beratungstätigkeit oder durch soziales Engagement in einem Ehrenamt, kann er in eine Sinnkrise geraten und depressiv werden.

Toxisch wird Scham auch, wenn jemand dadurch eine *Angststörung*, z. B. eine *soziale Phobie*, entwickelt und deshalb Kontakte zu seinen Mitmenschen meidet. Fast immer ist das ein Hinweis darauf, dass das Selbstwertgefühl und das Identitätsempfinden dieser Person gestört sind.

Laut dem Psychoanalytiker Léon Wurmser, Experte auf dem Gebiet der Schamerkrankungen, sind auch depressive Erkrankungen und *narzisstische Persönlichkeitsstörungen* getarnte Schamerkrankungen.[40]

Neben Angst- und Suchterkrankungen sowie Essstörungen, die als Ventil wirken, wenn das Erleben von Scham übermächtig und beherrschend wird, gehören auch *Zwangsstörungen* und *Autoaggressionen* (s. Kap. „Aggression“, S. 118) in die Kategorie getarnter Schamerkrankungen.

Wenn Scham sich verselbstständigt, beginnt das Grübeln, was andere über einen denken könnten. Betroffene fürchten, Erwartungen anderer nicht zu erfüllen und deshalb auf Ablehnung zu stoßen. Sie glauben, dass man ihnen ihre Angst ansehen würde, was diese oftmals noch weiter verstärkt und zu Erröten, Zittern, Herzrasen, Schwitzen, Atemnot, Sprechhemmung und Panik führen kann.

Um all das zu vermeiden, gehen Betroffene Situationen, in denen sie sich der Bewertung durch andere ausgesetzt fühlen, oft von vornherein aus dem Weg. Diese Vermeidung führt nicht nur zu vollkommener *sozialer Isolation*, sondern verhindert auch berufliches und privates Weiterkommen.

Im Gegensatz zur *sozialen Phobie*, bei der es sich um die generalisierte Angst vor sozialer Zurückweisung handelt, leiden Menschen, die unter *Gelotophobie*[41] leiden, unter der Angst, von anderen ausgelacht zu werden. Das kann eine bereits vorhandene Sozialphobie verstärken. Besteht diese Störung über einen langen Zeitraum, erkranken viele Betroffene noch zusätzlich an einer *Depression,* deren Symptome sie häufig mit Alkohol oder Medikamenten zu überdecken versuchen.

Um toxische Scham zu überwinden, bedarf es immer einer Veränderung des Selbstbildes. Dazu ist in den meisten Fällen therapeutische Unterstützung notwendig.

Schweigen

In Familien werden Schuld und Scham auslösende Ereignisse häufig *totgeschwiegen*, um das Ansehen der Familie zu schützen. Ob Kuckuckskinder, heimliche Affären, psychische Krankheiten oder verdrängte Kriegserlebnisse – oft wissen selbst die engsten Angehörigen nichts von den dunklen Geheimnissen.

Doch das Schweigen hat Konsequenzen. Geheimnisse können Familien spalten, Nähe und Vertrautheit verhindern – sogar über mehrere Generationen. Dieses Schweigen ist den Kriegs- und Nachkriegskindern von ihren Eltern bekannt. Es gab damals Themen, die absolut tabu waren.

Georg, 78:

> *Während mein Vater noch an der Front war, wurden meine Mutter und ihre Eltern von den vorrückenden Russen im Januar 1945 aus Ostpreußen vertrieben. Ich war zu dem Zeitpunkt knapp zwei Jahre alt. Erst 1947 kehrte mein Vater aus der Gefangenschaft zurück. Während seiner Abwesenheit bekam meine Mutter ein weiteres Kind, eine Tochter. Erst viel später ist mir aufgefallen, dass sie nicht die Tochter meines Vaters sein konnte. Das Thema wurde von allen komplett totgeschwiegen. Vermutlich ist meine Schwester, die auch niemandem in der Familie ähnlichsieht, aus einer Vergewaltigung entstanden, die viele flüchtende Frauen erleiden mussten. Weil Vergewaltigungen vom Feind als Schändung galten, waren sie besonders schambesetzt und wurden tabuisiert.*

Auch in Bernhard Schlinks Roman „Der Vorleser"[42] wird das Schweigen aus Scham thematisiert. Der Roman schildert die Liebesgeschichte des fünfzehnjährigen Michael Berg mit der gut zwanzig Jahre älteren Straßenbahnschaffnerin Hanna Schmitz im Deutschland der Fünfzigerjahre. Viele Jahre später begegnet Michael Berg als Jurist und Prozessbeobachter seiner ehemaligen Geliebten in einem Gerichtssaal. Sie ist angeklagt, als Lageraufseherin in einem KZ am Massenmord jüdischer Frauen beteiligt gewesen zu sein.

Hanna zeigt keine Reue, hat aber ein Geheimnis: Sie schämt sich vor allem dafür, Analphabetin zu sein. Die Offenbarung ihres Geheimnisses, das auch ihr früherer Liebhaber kennt, könnte sie vor einer lebenslangen Strafe bewahren. Doch beide schweigen – Hanna, weil sie sich schämt, Analphabetin zu sein, und Michael, weil seine frühere Geliebte wegen eines Verbrechens vor Gericht steht. Der Prozess endet mit Hannas Verurteilung zu lebenslanger Haft.

Menschen schweigen aus Scham, Schuld oder Angst, und auch innerhalb einer Familie gibt es nicht für alles Verständnis oder gar eine Generalabsolution. Besonders Familien, die auf dem Land leben, werden häufig stigmatisiert und ausgegrenzt, wenn z. B. bekannt wird, dass der Vater Alkoholiker oder gewalttätig ist. Ein besonderes Schweigegebot wird Angehörigen im Falle sexuellen Missbrauchs in der Familie auferlegt, denn wenn eine solche Straftat an die Öffentlichkeit gelangt, hat das meist schwerwiegende Folgen. Der Vater würde verurteilt, die Familie würde geächtet und in ihrer Existenz bedroht.

Schweigen kann schützen, häufig wird es aber auch zur unerträglichen Belastung. Viele mit Scham behaftete Geheimnisse führen zu psychischem Druck. Oft ist es so, dass Geheimnisträger, die den ständigen Druck nicht mehr aushalten, die unausgesprochenen Worte buchstäblich mit Alkohol hinunterspülen.

Lebenslüge

Scham ist eines der stärksten Motive für eine Lebenslüge, denn sie ist ein wesentlicher Pfeiler unserer Identität. Die Lebenslüge dient dazu, sich etwas – nämlich die Ursache der Scham – schönzureden und so eine *Beschädigung des Selbstbildes* zu vermeiden.

Ein Beispiel:

Jutta hält sich für die „glücklichste Frau der Welt“. Sie macht Karriere und lebt mit ihrer Familie in ihrem Traumhaus in schöner Lage. Ihr Mann trägt sie auf Händen und ihr Sohn studiert an einer Eliteuniversität. All das schreibt Jutta in ihr Tagebuch – aber leider stimmt nichts davon.

In Wirklichkeit hat ihr Mann seine jahrelange Geliebte geheiratet, der arbeitslose Sohn ertränkt seinen Frust im Alkohol und Jutta selbst erträgt ihre triste Realität nur, indem sie sich in eine Fantasiewelt flüchtet – in eine Lebenslüge.

Lebenslügen sind Selbsttäuschungen und nicht nur der Stoff für Krimis, Dramen und Filmtragödien. Die harmlose Variante hat wohl jeder schon einmal praktiziert: Wir verstellen die Waage und mogeln uns zwei Kilo leichter oder erzählen, dass wir einen großen Erfolg mit einer Präsentation gehabt hätten, tatsächlich war es aber eine Kollegin, die den erfolgreichen Vortrag gehalten hat. Zwischen einer Illusion, die uns Auftrieb gibt, und einer Lebenslüge, die uns schadet, liegt manchmal nur ein schmaler Grat.

„Ich esse fast nichts und nehme trotzdem ständig zu“, klagen viele stark Übergewichtige und verschweigen vor sich selbst die nächtlichen Heißhungerattacken und die Weigerung, Sport zu treiben. *„Es gibt einfach keine interessanten Männer. Ich bin total offen für eine neue Liebe, aber ich treffe keinen, der infrage kommt“*, behaupten attraktive, erfolgreiche Frauen und übersehen, dass ihr Leben genauso voll mit Terminen ist wie ihr Kopf mit Vorstellungen vom perfekten Mann. In ihren Zeitplan und ihr Beuteschema kann gar keiner passen.

Einerseits brauchen wir Sehnsüchte, Hoffnungen und Träume zur Motivation, andererseits sollten wir sie regelmäßig einem Realitätscheck unterziehen, indem wir uns fragen:

- *„Bin ich tatsächlich so unternehmungslustig, wie ich glaube, oder in Wahrheit doch eher bequem?“*
- *„Habe ich genug Talent, um eine erfolgreiche Schauspielerin zu werden? Oder reicht es realistisch betrachtet nur für die Laiengruppe?“*

Lebenslügen sind eine Art Überlebensstrategie, denn sie verhüllen unsere persönlichen Schwächen und schützen uns vor Scham.

Doch irgendwann werden sie zum Bumerang. Wenn sich z. B. eine nicht besonders attraktive junge Frau im Teenageralter vorstellt, eine bildhübsche Prinzessin zu sein, ist das noch in Ordnung, so lange sie weiß, dass sie eine Rolle spielt. Dadurch kann sie ihr Mauerblümchendasein besser ertragen. Wenn sie sich aber als Erwachsene immer noch vormacht, eine Prinzessin zu sein, obwohl sie auf andere grau und unscheinbar wirkt, dann hindert sie sich selbst daran, an diesem Umstand etwas zu ändern.

Doch müsste nicht ein Blick in den Spiegel genügen, um die Illusion zu zerstören? So einfach ist es nicht, denn zur Lebenslüge gehört ein geschickt gewobenes Netz aus Selbsttäuschung und Vermeidung. Menschen, die sich in Lebenslügen verstricken, haben nicht gelernt, sich von Erwartungen anderer zu befreien und ein realistisches Selbstbild zu entwickeln.

Eine typische Lebenslüge von Männern besteht darin, ein *Doppelleben* zu führen, zum Beispiel

- eine Beziehung mit der Ehefrau und einer Geliebten zu haben,
- Homosexualität heimlich auszuleben,
- arbeitslos zu sein, aber vorzugeben, täglich in die Arbeit zu fahren.

Das aus der Lebenslüge entstehende Konstrukt des Doppellebens und die damit verbundenen Konflikte hat Jan Schomburg in seinem Film „Über uns das All"[43] thematisiert: Eines Tages stehen zwei Polizistinnen in Marthas Wohnung, um ihr mitzuteilen, dass sich ihr Mann das Leben genommen hat. Erst jetzt wird Martha klar, dass Pauls halbes Leben eine Lüge war: Arbeit, Promotion, Kollegen – all das gab es nie, nur ein Labyrinth aus Geheimnissen und Lügen, aus dem er schließlich keinen Ausweg mehr fand. Solche Doppelleben sind zwar selten, aber es gibt sie. Der Atlantiküberquerer Charles Lindbergh beispielsweise hatte eine Zweitexistenz als Vater dreier Kinder in Deutschland. Der Schauspieler Walter Sedlmayr, nach außen ein Vorzeige-Bayer, hatte eine Neigung zu Sado-Maso-Sex, was erst nach seiner Ermordung herauskam.

Heute ist es vor allem der Erfolgsdruck im Job und in der Liebe, der Menschen dazu bringt, ihre Biografie zu schönen und sich und anderen etwas vorzumachen. Therapeuten und Psychoanalytiker müssen oft tief graben, um Lebenslügen zu entlarven. Nicht selten stellt sich heraus, dass Frauen von ihren Männern schwärmen, obwohl diese gewalttätige Ekelpakete sind. Im Laufe der Therapie wird dann klar, dass dieses glorifizierte Bild des Partners nur in der Fantasie existiert. Meistens können oder wollen Frauen sich die Realität aber nicht eingestehen.

Letztlich flüchtet man sich aus Scham und aus Angst vor Gesichtsverlust in Lebenslügen, baut Geheimnisse auf und beginnt im schlimmsten Fall ein Doppelleben. Doch wer ein Doppelleben führt, muss ständig fürchten, dass sein Geheimnis aufgedeckt wird. Das bedeutet permanenten Psychostress, und der schädigt die Gesundheit. Denn das Verbergen eines Geheimnisses kann so viel Zeit, Wachsamkeit und Aufmerksamkeit fordern, dass es schließlich das ganze Leben dominiert.

Kompensation

Wie bereits erwähnt, kann Scham in ihrer negativen Ausprägung das Selbstbild und Selbstbewusstsein beeinträchtigen (s. Kap. „Die schlechte Seite der Scham: die Beschädigung von Selbstbild und Selbstwertgefühl“, S. 25) oder sogar zerstören.

Möglichkeiten, um das beschädigte Ich zu maskieren bzw. die empfundene Scham zu kompensieren, sind:

- Überanpassung,
- Verachtung und
- Wut.

Überanpassung

Unter Überanpassung versteht man eine Handlung, die übertrieben ausgeführt wird, um sicherzugehen, dass ja nichts schiefgeht. Man macht sich zum Beispiel viel zu früh auf den Weg, um nicht zu spät zu einem Termin zu kommen – auch wenn man die Strecke in- und auswendig kennt.

Überkompensation hört sich positiv an, hat aber erhebliche negative Konsequenzen.

Ein Beispiel:

Kinder, deren Eltern das Sorgerecht entzogen wurde und die einer Pflegefamilie zugeführt wurden, versuchen, ihre Scham für das Versagen ihrer Eltern durch Überkompensation zu beherrschen. Ein solches Kind möchte nicht unangenehm auffallen, tut so, als würde es alles verstehen, und bemüht sich, alles richtig zu machen. Dazu schaut es sich an, was die anderen Mitglieder der neuen Familie tun. Meist sucht es sich eines der Geschwisterkinder aus und kopiert dessen Verhalten. Außerdem passt es sich den Tagesabläufen und dem Verhalten der Familie an. Es kann auch sein, dass es sofort „Mama" und „Papa" zu den Pflegeeltern sagt, weil die anderen Kinder das auch tun – und um dazuzugehören.

Für Pflegekinder besteht die einfachste Methode, in einer neuen, unsicheren Umgebung Fehler zu vermeiden, darin, genau zu schauen, was die anderen machen, und dieses Verhalten dann nachzuahmen.

Aber nicht nur Pflegekinder, sondern auch hochbegabte Kinder und Jugendliche tun alles, um nicht aufzufallen. Ihre Überanpassung zeigt sich möglicherweise darin, absichtlich eine schlechte Klassenarbeit zu schreiben.

Überanpassung ist auch bei Erwachsenen zu beobachten, indem sie immer nur freundlich, verständnisvoll und nett sind, weil sie glauben, sonst nicht akzeptiert zu werden. Der Preis, den sie dafür zahlen müssen, ist *Selbstverleugnung*.

Anja, 51:

> *Ich bin nach der Wende von Schwerin ins Rheinland übergesiedelt. Da ich merkte, dass es viele Vorurteile gegen ‚Ossis' gab, habe ich immer gesagt, dass ich aus Norddeutschland stamme, was ja auch stimmt. Ich habe mich in allem sehr schnell angepasst und überall engagiert, um dazuzugehören, aber auch, weil ich kein Selbstbewusstsein habe und glaube, etwas dafür tun zu müssen, dass man mich mag. Das bedeutet leider auch, nicht immer ehrlich zu sein und ‚Ja' zu sagen, obwohl ich ‚Nein' meine. Dabei wünsche ich mir nur, so angenommen zu werden, wie ich bin.*

Anja schämt sich ihrer DDR-Herkunft und passt sich zum Selbstschutz an, um nicht aufzufallen, nicht aus der Reihe zu tanzen und so zu sein wie die Menschen im Rheinland.

Ergreifend erzählt Emilia Smechowski in ihrem Roman „Wir Strebermigranten"[44] von der Übersiedlung ihrer Familie von Polen nach Deutschland im Jahr 1988. Nur ein Jahr später hatte Emilia einen neuen Namen, ein neues Land, eine neue Sprache: Sie war jetzt Deutsche, alles Polnische war abgestreift. Für Emilia und ihre Schwester galt vor allem eins: nicht auffallen. Und außerdem: nicht polnisch sein. So, wie sie und ihre Schwester in der Schule strebsam versuchten, immer die Besten zu sein, wurden auch ihre Eltern zu Musterdeutschen mit Eigenheim, Auto und gutem Job. Wenn Freunde eingeladen wurden, gab es typisch deutsche Küche. Emilia und ihre Familie wurden zu „Strebermigranten", die sich so gut anpassten, dass man sie gar nicht mehr als Migranten wahrnahm. Weil es aber ohne Selbstverleugnung unmöglich ist, seine ganze Vergangenheit abzustreifen, spürte Emilia eine innere Leere und machte sich schließlich auf die Suche nach ihrer polnischen Identität.

Verachtung

Verachtung ist eine unbewusste Strategie, um Scham zu kompensieren. Sie zeigt sich darin, dass Menschen andere herabsetzen, um diese kleiner und unbedeutender erscheinen zu lassen als sich selbst.

Häufig bringen soziale Randgruppen den Institutionen unserer Gesellschaft Verachtung entgegen, wenn sie sich ausgegrenzt oder benachteiligt fühlen. Indem sie „den Spieß umdrehen", glauben sie, aus der Passivität, Scham zu erleiden, herauszukommen. Junge männliche Migranten aus dem islamischen Kulturkreis, für die der Mann „das Sagen" hat, verachten z. B. oft Lehrerinnen oder Polizistinnen und bedenken sie mit verachtenden Bezeichnungen. Meist sind es Männer, die sich benachteiligt und als Bürger zweiter Klasse fühlen. Die oft über Jahre aufgestaute Scham reagieren sie durch Verachtung an anderen ab. Das gibt ihnen ein Gefühl der Überlegenheit.

Auch narzisstisch veranlagte Menschen kompensieren ihr brüchiges Selbstwertgefühl und ihre Überempfindlichkeit für Kritik mit scheinbarer Überlegenheit über andere. Ihr Ziel ist es, durch die Verachtung des anderen Scham von sich selbst fernzuhalten.

Wut

Problematisch ist auch die Kompensation von Scham durch Wut.

Ein Beispiel:

Ein Junge aus einer libanesischen Familie scheitert an den schulischen Anforderungen und leidet unter dem Spott seiner Mitschüler, weil er „komische Klamotten" trage. Das macht ihn wütend. Seine Wut führt schließlich dazu, dass er sich einer kriminellen Clique anschließt, um andere Schüler „abzuziehen", indem er ihnen Geld und Wertsachen abnimmt oder sie unter Androhung von körperlicher Gewalt erpresst.

Scham ist oft der Auslöser von Wut und Gewalt. Der Grund ist fast immer die Unfähigkeit, eine als unerträglich empfundene Form der Beschämung zu verarbeiten. Wut und Gewalt – so problematisch sie auch sind – befreien in solchen Fällen vom erdrückenden, erniedrigenden Sich-schämen-Müssen.

Wirkt Wut nach innen, führt das zur *Depression,* wirkt sie nach außen, zeigt sie sich in *Aggression.*

Aggression

Eine besondere Verhaltensweise, um die eigene schmerzhafte Scham abzuwehren, ist die Aggression. Es sind zwei Formen der Aggression zu unterscheiden:

- die Aggression gegenüber anderen und
- die Aggression gegen sich selbst (Autoaggression).

Aggression gegenüber anderen

Durch Aggression gegenüber anderen wird die durch Beschämung entstandene Wut „entladen".

Sie kann sich z. B. in verbaler Gewalt äußern. Indem man jemanden etwa mit Begriffen wie „Schwächling", „Feigling" oder „Weichei" beleidigt, projiziert man die Eigenschaften, für die man sich selbst schämt, wie etwa Schwäche oder Angst, auf diese Person. Dadurch wird verhindert, dass die eigene Scham spürbar wird. Die eigenen mit Scham verbundenen Eigenschaften oder vermeintlichen Fehler können so auf „Sündenböcke" übertragen werden.

Wer sich schämt – seiner Herkunft, seines Aussehens, im schlimmsten Fall seines So-Seins – und andere deshalb verhöhnt, verachtet, schikaniert, demütigt und erniedrigt, schafft damit für sich selbst eine seelische Entlastung.

Durch Benachteiligung, Demütigung und Chancenlosigkeit kann Scham auch in eine Form von Aggression umschlagen, die über verbale Gewalt hinausgeht, und aus Opfern Täter werden lassen.

Fadi Saad berichtet in seinem Buch „Der große Bruder von Neukölln. Ich war einer von ihnen – vom Gang-Mitglied zum Streetworker"[45] über dieses Phänomen, das er selbst erlebt hat. Er beschreibt darin die Hintergründe benachteiligter, chancenloser Jugendlicher und zeigt die Gründe dafür auf, dass bei ihnen die Scham über ihre Ausgrenzung in Aggression und Gewalt umschlagen kann.

Fadi Saad wurde in einem sozialen Brennpunkt von Berlin als Kind palästinensischer Flüchtlinge geboren. Er lebte mit seinen Eltern und sieben Geschwistern in einer Zweieinhalb-Zimmer-Wohnung. Seine Familie gehörte der sogenannten „bildungsfernen Schicht" an. Dass er etwas entbehrt habe, sei ihm subtil bewusst gewesen. Ob in der Schule oder bei Arzt- und Behördenbesuchen, oft habe er sich fremd und vor allen Dingen fehl am Platz gefühlt. In seiner Jugend sei er voller Hass gewesen, schreibt er. Und dieser Hass habe sich ein Ventil gesucht.

Aber nicht nur Migranten, sondern auch Unterschichtfamilien, von Politikern gern „Prekariat" genannt, fühlen sich wertlos, ausgegrenzt, benachteiligt und chancenlos. Zur ausgegrenzten Randgruppe der Gesellschaft zu gehören führt dazu, dass sich Wut, Hass und Aggressionen entwickeln können.

Psychologen wissen schon lange, dass Kränkung aggressiv macht. Bestätigt wurde das durch die amerikanische Neurobiologin Naomi Eisenberger. Sie konnte nachweisen, dass unser Gehirn bei Armut, Erniedrigung, Demütigung, sozialer Ausgrenzung und Mobbing genauso reagiert wie auf körperliche Gewalt, nämlich mit Aggression. Das ist laut Eisenberger darin begründet, dass infolge einer Kränkung Psychostress entsteht, durch den Teile des neuronalen Schmerzsystems aktiviert werden, die eigentlich für die Wahrnehmung körperlicher Schmerzen zuständig sind. Das ist der Grund, warum wir nicht nur bei physischem Schmerz mit Aggression reagieren, sondern auch dann, wenn man uns sozial zurückweist.[46]

Lange aufgestaute Wut, die sich in Aggression entlädt, ist besonders bei Amokläufern erkennbar. Über lange Zeit waren sie stille, unauffällige Menschen, die sich verletzt, gedemütigt, angegriffen, ausgegrenzt und gemobbt fühlten. Von den meisten ist bekannt, dass Aggression für sie emotionale Wiedergutmachung für erlittene Scham war und sie ihre Taten akribisch planten. Tagebuchaufzeichnungen und Kommentare in sozialen Netzwerken machen das deutlich.

Gründe für ihre Scham lagen oft in einem problematischen Elternhaus, in eigenem Versagen, mangelnder Anerkennung, Kränkungserlebnissen und Außenseitertum. Die Kombination dieser und ähnlicher Gründe kann dazu führen, dass sich eine hochexplosive Mischung „zusammenbraut", die sich dann in einem Amoklauf entlädt. Junge Amokläufer haben im Umgang mit anderen Menschen oft große Schwierigkeiten, fühlen sich völlig missverstanden und stets angegriffen. Daraus leiten sie auch die Rechtfertigung für ihre Taten ab.

Nach Amokläufen wird regelmäßig übersehen, dass eine als unerträglich empfundene Erniedrigung, vor allem aber ein übermächtiges Schamgefühl zur Tat geführt hat. Oft werden erst später in Aufzeichnungen, Abschiedsbriefen oder Internetbotschaften die Quellen der Scham und die Ankündigung der Tat gefunden.

Beispiel: Der Amoklauf von Winnenden

Am 11. März 2009 erschoss der 17-jährige Tim K. in seiner ehemaligen Schule in Winnenden (Stadt in Baden-Württemberg) und bei seiner Flucht 15 Menschen und anschließend sich selbst.

Der Amoklauf stürzte auch die Familie des Täters ins Unglück. Sie hat alles verloren: ihr Kind, ihre Freunde, ihr Haus und ihre Heimat. Die Eltern mussten alles hinter sich lassen, weil ihr Kind furchtbares Leid über andere gebracht hatte, und sie schämten sich, versagt zu haben. Die Ablehnung der Mitbürger von Winnenden war für die Familie des Amokläufers der Grund, die Stadt zu verlassen.

Angehörige von Straftätern werden oft in „Sippenhaftung" genommen und geächtet oder gemobbt. Sie büßen für Straftaten, für die sie nicht (direkt) verantwortlich sind (s. Beispiel Neriman Yaman, S. 57 f.). Sie schämen sich, isolieren sich oft selbst von ihrem gewohnten Umfeld und fühlen sich alleingelassen. Das Schlimme ist, dass sie niemandem von ihrer Not erzählen können, weil Familien von Straftätern pauschal mitverurteilt werden.

Beispiel: Der Terroranschlag von Wien

Der Terroranschlag vom 2. November 2020 in Wien, bei dem vier Personen getötet und 23 weitere teils schwer verletzt wurden, wurde von einem Einzeltäter verübt. Er hatte seine Bluttat zuvor auf Instagram angekündigt. Keine 24 Stunden nach dem Attentat reklamierte die Terrormiliz IS die Tat für sich: Ein „*Soldat des Kalifats*" habe 30 Menschen getötet und verletzt. Der IS veröffentlichte auch ein kurzes Video, in dem der Attentäter das Treuebekenntnis zum „Kalifen" spricht. Im Video hält Kujtim Fejzulai dieselben Waffen wie auf dem teilweise unkenntlich gemachten Foto, das er vor der Tat auf seinem Instagram-Account veröffentlicht hatte. Offenbar hatte er mit Dschihadisten des IS in Kontakt gestanden.

Was ist über den Täter bekannt? Der 20-jährige Kujtim Fejzulai, der in Österreich geboren wurde und dessen Eltern aus Nordmazedonien stammen, vermittelte nach außen das Bild eines in die Gesellschaft integrierten jungen Mannes, obwohl er in Wahrheit Hass gegen die freiheitliche westliche Gesellschaft hegte, die er ganz bewusst zerstören wollte. 2018 hatte er versucht, nach Syrien auszureisen, um sich der Terrormiliz IS anzuschließen. Der Plan flog auf, weil seine Mutter ihn als vermisst meldete. In der Türkei wurde der junge Mann aufgegriffen und nach Österreich ausgeliefert.

Im April 2019 wurde Kujtim Fejzulai wegen der Mitgliedschaft in einer terroristischen Vereinigung zu 22 Monaten Haft verurteilt. Es gelang ihm, die Behörden zu täuschen, sie glaubten, er hätte sich vom Extremismus abgewandt. Ende 2019 wurde er als „nicht mehr gefährlich" eingestuft und deshalb am 5. Dezember 2019 vorzeitig aus der Haft entlassen, auch weil er aufgrund seines Alters unter das österreichische Jugendgerichtsgesetz fiel.

Psychologen sind davon überzeugt, dass Scham der Auslöser, der „Trigger" von Gewalt bei solchen Vorkommnissen ist. Amok, sexuelle Gewalt, Raub und Körperverletzung sind Folgen der Unfähigkeit, eine als unerträglich empfundene Form der Beschämung zu verarbeiten.[47] Dieses Schamgefühl ist fatal, denn inzwischen ist bekannt, dass das Motivationssystem derer, die gegen ihren Willen dauerhaft isoliert sind, verkümmert. Sie verlieren ihr Interesse am Leben, werden krank, depressiv oder aggressiv.

Der ehemalige CIA-Mitarbeiter und Psychiater Marc Sageman stieß auf den Zusammenhang zwischen Anerkennung und Aggression, als er die Lebensläufe von 400 islamistischen Terroristen analysierte. In seiner Studie zum Phänomen des Terrorismus „Turning to Political Violence. The Emergence of Terrorism"[48] beantwortet Sageman zwei Fragen: Wie entsteht Terrorismus? Und wie entstehen Terroristen?

Bevor sich die von Sageman untersuchten Terroristen einer Terrorgruppe anschlossen, waren sie sozial isoliert. Bekanntschaften im Internet, in der Nachbarschaft oder sogar an der Universität führten sie zu der Gemeinschaft, die sie aufnahm und für die sie sogar bereit waren, ihr Leben zu geben.

Mit dieser Erfahrung wird auch nachvollziehbar, weshalb viele Palästinenser die israelische bzw. westliche Politik als Erniedrigung erleben, sich ihres Flüchtlingsstatus schämen und zu Aggression, Gewalt und Terrorismus greifen, um ihre Scham abzuwehren.

Obwohl beispielsweise Libanesen bereits über Jahrzehnte als Kriegsflüchtlinge in Deutschland leben und westliche Freiheiten genießen, verachten sie das Land und seine Werte. In Berlin haben sich Gangs (s. Beispiel Fadi Saad, S. 119) als „Staat im Staat" gebildet, die mit Aggression und Übergriffen Angst und Schrecken verbreiten und sich mit den dadurch erzeugten Gefühlen von Macht und Überlegenheit Respekt verschaffen. Damit kompensieren sie ihre jahrelange Ausgrenzung und wehren ihre Scham ab, eine Randgruppe der Bevölkerung zu sein.

Aggression gegen sich selbst

Scham kann nicht nur in Aggression gegen andere transformiert werden, sondern auch in Aggression gegen sich selbst (Autoaggression).

Typisch für Menschen, die sich autoaggressiv verhalten, ist ein hoher emotionaler Druck, dem sie offenbar nicht standhalten können. Gefühle wie Wut, Ärger, Trauer, Frustration, Scham oder Hilflosigkeit richten sich nicht, wie es oft bei normaler Erregung der Fall ist, gegen andere Menschen oder Gegenstände, sondern gegen die Personen selbst.

Die generelle Ursache von Autoaggression besteht in der Schamabwehr. Die Betroffenen wollen das vernichtende Gefühl der Scham nicht aushalten müssen, sondern es mit einem anderen Gefühl überdecken.

Es gibt viele Voraussetzungen für autoaggressives Verhalten:

- Selbstbeschuldigung
- Selbstabwertung
- Selbstsabotage
- Selbstgeißelung

Die Übergänge von Selbstkritik zu Selbstgeißelung und zu autoaggressivem Verhalten, das Psychologen als emotionale Misshandlung definieren, sind fließend.

Menschen, die sich selbst attackieren, üben an sich selbst übertriebene, vernichtende Selbstkritik, wie z. B.:

- *„Ich bin der/die Schlechteste von allen."*
- *„Ich werde im Leben nichts erreichen."*
- *„Ich bin zu blöd und habe versagt."*

Selbstbeschuldigungen und überzogene Selbstkritik führen nicht selten zu Selbstablehnung, Selbstverachtung und Selbsthass. Sie sind der sicherste Weg zur Selbstdemontage und letztlich zur Selbstzerstörung.

Formen der Autoaggression sind

- Suchtverhalten,
- Essstörungen und
- Selbstverletzungen.

Selbstverletzungen sind die drastischste Form der Autoaggression, für Betroffene aber ein Mittel, um inneren Druck abzubauen oder psychische Probleme kurzzeitig nicht spüren zu müssen. Typisch sind Selbstverletzungen bei einer Borderline-Persönlichkeitsstörung.

Selbstverletzendes Verhalten gibt es in den unterschiedlichsten Ausprägungen. Zu den häufigsten Formen gehören das Ritzen mit Rasierklingen, Glasscherben oder Messern, das Verbrennen mit Zigaretten oder Feuerzeugen sowie das Verbrühen mit kochend heißem Wasser. Die Betroffenen wählen oft Körperstellen, die durch Kleidung versteckt werden können. Auch Kopf-an-die-Wand-Schlagen oder ständiges Aufkratzen von verheilenden Wunden sind Formen der Selbstverletzung.

Menschen, die Scham in autoaggressives Verhalten umleiten, bestrafen sich selbst für die Verletzungen, die ihnen von anderen zugefügt wurden. Der selbst erzeugte körperliche Schmerz überdeckt damit die seelische Qual.

Auf den ersten Blick unverständlich scheint das Phänomen, dass das autoaggressive Verhalten ein gewisses Suchtpotenzial in sich birgt. Menschen, die einmal damit begonnen haben und dadurch eine „Entlastung“ erreicht haben, geraten meist in einen Teufelskreis. Der Schnitt ins eigene Fleisch scheint Stress abzubauen und einem „Druck-Ablassen“ gleichzukommen, er wirkt wie eine Droge. Der Schmerz lenkt kurzzeitig ab, Endorphine, also Glückshormone, werden ausgeschüttet, die innere Spannung nimmt ab, Scham, Ängste und andere schlechte Gefühle werden vorübergehend gemildert. Das merkt sich der Körper – und verlangt beim nächsten Tiefpunkt, im nächsten Moment innerer Leere wieder nach dem „heilsamen Schmerz“.

Übrigens liegt das Verhalten damit vielleicht gar nicht so weit entfernt von seinen mittelalterlichen Vorläufern der Selbstkasteiung und der Selbstgeißelung, die den Menschen auch von Schuldgefühlen und anderen Seelenqualen befreien sollten.

Nina, 15:

> *Ich wurde mit 13 Jahren während einer Jugendfreizeit von einem Betreuer missbraucht. Weil ich mir einbildete, selbst schuld zu sein, hatte ich große Schuld- und Schamgefühle und glaubte, am ehesten mit diesem Trauma fertigzuwerden, indem ich es verdrängte. Doch der innere Druck wuchs so stark, dass er unerträglich wurde und mir das Gefühl gab, zu platzen. In dieser Situation schnitt ich mich zum ersten Mal in der Küche aus Versehen an einem Messer. Zuerst erschrak ich total, weil es so stark blutete, aber gleichzeitig merkte ich, dass es mir Erleichterung verschaffte, indem die Spannung nachließ. Das führte dazu, dass ich mich später bewusst immer wieder mit einer Rasierklinge in meine Unterarme ritzte, obwohl ich ja genau wusste, dass das eigentlich total bescheuert und destruktiv ist. Zudem schämte ich mich nach der ersten Erleichterung, dass ich es wieder nicht geschafft hatte, zu widerstehen, und verbarg schamvoll die Narben.*

Die Scham darüber, sich selbst zu verletzen, ist in der Regel so groß, dass die Betroffenen alles vehement abstreiten, Ausreden für die Verletzungen erfinden und immer wieder betonen, alles im Griff zu haben. Bei Nachfragen verweigern sie ein Gespräch.

Erlösung und Heilung wird nur derjenige erfahren, der mutig genug ist, seine Schattenseite zu untersuchen und sich seiner Schamwunde bewusst zu werden. In der Regel ist dazu aber therapeutische Unterstützung notwendig.

5

Der konstruktive Umgang mit Scham – wie es möglich ist, sich weniger zu schämen

Nur wenn wir lernen, mit Scham bewusst und konstruktiv umzugehen, sie als Teil unseres Lebens zu akzeptieren, können wir ein zufriedenes, glückliches und freies Leben führen.

Konstruktiv mit Scham umzugehen bedeutet, sich seiner eigenen Schamgeschichte bewusst zu werden und in der Folge Strategien zu entwickeln, um die eigene Würde wiederzuerlangen.

Sich dem schmerzhaften Gefühl der Scham stellen

Obwohl man Scham am liebsten vermeiden, mindestens aber unterdrücken möchte, besteht die Voraussetzung für einen konstruktiven Umgang mit diesem schwierigen Gefühl, nämlich indem man sich ihm stellt. Das aber ist für alle durch die Leistungsgesellschaft geprägten Menschen mit Hang zum *Perfektionismus* und *Optimierungszwang* besonders schwer.

Viele Menschen stellen sehr hohe Anforderungen an sich selbst und halten sich für unzulänglich, wenn sie diese nicht erfüllen können. Sie steigern ihre Selbstoptimierung ins Unermessliche und schämen sich abgrundtief, wenn auch nur in einem Teilbereich eine Schwäche offenbar wird.

Dazu zu stehen, nicht perfekt zu sein, ist allerdings ein Wagnis, denn wer seine Unvollkommenheit offenbart, macht sich angreifbar und verletzbar. *„Nobody is perfect"* – das wissen wir zwar, trotzdem wollen wir perfekt sein und alles optimieren, denn das schützt uns vor Kritik und der Scham des Versagens. Perfektionismus ist insofern eine Art Schutzschild, ein Panzer, hinter dem wir unsere Unvollkommenheit verstecken.

Sich dem schmerzhaften Gefühl der Scham zu stellen, bedeutet auch, zu sich zu stehen, mit allen Vorzügen und Schwächen. Genau in dem Augenblick, in dem Sie bewusst die Entscheidung treffen, voll und ganz zu sich und zu Ihren Schwächen zu stehen, sind Sie frei! Und aus dieser Grundhaltung heraus ist es Ihnen möglich, sich von Scham zu befreien.

Ein Beispiel:

Sie sollen als Vertriebsbeauftragter vor Kollegen ein Referat über ein neues Produkt halten. Sie hatten als Einziger Einblick in die Neuentwicklung und die Tests und haben die Präsentation sorgfältig vorbereitet. Ihr Chef, der Vertriebsmanager, ist natürlich auch da, und alle blicken Sie gespannt und erwartungsvoll an. Und dann passiert es: Ihr Chef verlässt nach weniger als zehn Minuten ohne ersichtlichen Grund das Meeting. Nun werden auch ihre Arbeitskollegen unruhig. Sie sind blockiert, Ihnen fällt nichts ein, Ihr Kopf ist leer, Ihr Puls hämmert und Sie denken: *„Wie schrecklich! Wie soll ich das hier zu Ende bringen? Was habe ich falsch gemacht?"* Und auch nach der Präsentation fragen Sie sich immer wieder: *„War mein Vortrag zu langweilig, zu nüchtern?"* Sie schämen sich, weil Sie annehmen, versagt zu haben.

Wie hätten Sie diese Situation retten können? In diesem Fall hätte sich die Strategie angeboten, in die Offensive zu gehen. Sie hätten z. B. Ihre Arbeitskollegen nach Argumenten für oder gegen das neue Produkt fragen können. So hätten Sie die Kontrolle behalten.

Menschen, die fähig sind, sich dem schmerzhaften Gefühl der Scham zu stellen, können eher positive Gefühle erleben, schreibt Brené Brown, Sozialforscherin und Professorin an der Universität Houston in ihrem Bestseller „Verletzlichkeit macht stark. Wie wir unsere Schutzmechanismen aufgeben und innerlich reich werden"[49]. Sie führt weiter aus, dass in einer Welt, in der Versagensangst den meisten Menschen zur zweiten Natur geworden ist, Verletzlichkeit als existenziell erlebt wird. Doch das Gegenteil ist der Fall: Brené Brown zeigt, dass Verletzlichkeit zuzulassen am Ende stark macht und die Voraussetzung dafür ist, Lebensprozesse mit Authentizität durchzustehen, sodass am Ende Liebe, Zugehörigkeit, Freude und Kreativität daraus erwachsen können.

Die erfolgreiche Moderatorin Jessica Libbertz schreibt in ihrem Buch „No Shame. Wie wir den Teufelskreis der destruktiven Scham verlassen"[50], dass sie – nach außen hin nicht sichtbar – jahrzehntelang glaubte, nicht gut genug zu sein. Sie habe unter dem Gefühl der Scham gelitten und verschiedene Krisen erlebt, bis sie schließlich einen Ausweg aus der Schamfalle gefunden habe. Wie viele Menschen, die sich schämen, hatte auch sie das Gefühl, in einem inneren Gefängnis zu stecken, was viel mit Verletzlichkeit zu tun hat. Die Möglichkeit, sich zu öffnen und zu sich zu stehen, empfand Libbertz als Erlösung. Sie berichtet von ihrem Kampf und ihrem Sieg über die Scham und zeigt, wie sie sich der destruktiven Seite der Scham gestellt und dadurch Wege aus dem Teufelskreis gefunden hat. Libbertz macht in ihrem Buch deutlich, dass der Weg zu einem konstruktiven Umgang mit Scham über eine *ehrliche Selbstanalyse* führt. Erst wenn man die tatsächlichen Ursachen und damit die Auslöser der Scham gefunden hat, ist es möglich, sie zu überwinden.

Aus alledem ergibt sich, dass eine Voraussetzung für den konstruktiven Umgang mit Scham darin besteht, sich diesem schmerzhaften Gefühl zu stellen. Darüber hinaus ist die Beantwortung folgender Fragen notwendig:

- Woher kommt meine Scham?
- Ist mein Selbstbild realistisch?
- Sind meine Bewertungsmaßstäbe und meine Ansprüche realistisch oder überzogen?

Ursachenforschung

Eine Ursachenforschung beginnt mit der Frage nach dem Einfluss von Prägung und Erziehung durch die Eltern (s. Kap. „Prägung und Erziehung“, S. 38).

Denken Sie über Ihre Kindheit nach: Vielleicht erkennen Sie, dass Ihre Eltern sehr verklemmt und schambehaftet waren und dass Sie diese Charaktereigenschaften unbewusst übernommen haben. Oder Sie hatten sehr ehrgeizige Eltern, die Sie zu einem „Premiumkind“ konditionieren wollten und ständig überzogen hohe Erwartungen an Sie gestellt haben. Dann könnte es sein, dass

Sie gelernt haben, sich in jeder Situation an entsprechend ehrgeizigen Bewertungsmaßstäben zu orientieren. Weil Sie aber diesen extrem hohen Ansprüchen nicht immer oder sogar selten gerecht werden können, wird Ihr *Selbstbild* angegriffen und beschädigt. Sie schämen sich und fühlen sich schlimmstenfalls als Versager.

Das zu erkennen, ist der erste Schritt auf dem Weg zur Veränderung. Dem muss sich eine schonungslose Selbstanalyse anschließen.

Kritische Selbstanalyse

Zur kritischen Selbstanalyse ist die Überprüfung folgender Punkte erforderlich:

- Selbstakzeptanz
- Selbstachtung
- Selbstwertschätzung
- Selbstliebe

Selbstakzeptanz

Bei der Selbstakzeptanz geht es darum, die Ambivalenz des Menschseins, einerseits Großartiges zu leisten, andererseits aber auch Schwächen zu haben, zu akzeptieren.

Selbstakzeptanz bedeutet, Ja zu sich zu sagen, auch zu den Eigenschaften und Gewohnheiten, die man sich selbst nicht so gerne eingesteht oder die man lieber verstecken würde. Das bedeutet, Selbstverleugnung und Selbsttäuschung aufzugeben, sich selbst nicht mehr auszuweichen und seiner inneren Stimme zuzuhören, die Angst vor der Wahrheit zu überwinden, sich mutig seinen Schattenseiten und seinem Versagen zu stellen.

Wer das schafft, wird mit innerer Freiheit belohnt, d. h. er wird von dem inneren Druck befreit, der durch das Aufrechterhalten einer Fassade entstanden ist. Das ist zwar hart für das eigene Selbstbild, aber unvermeidlich. Wer lernt, sich selbst gelassener zu betrachten, und zu einer gesunden Selbsteinschätzung und Selbstakzeptanz gelangt, kann sagen: *„Ich bin, wie ich bin, und nicht, wie ich sein möchte. Ich kenne meine Stärken und meine Schwächen, beides gehört zu mir."*

Eine kritische Selbstreflexion eröffnet die Chance, auch zu den negativen Anteilen des Lebens zu stehen, sie anzunehmen, und vor allem, sich selbst verzeihen zu können. Das befreit, entlastet die Seele und führt zu mehr Zufriedenheit und deutlich besserer psychischer und körperlicher Gesundheit. Deshalb sollte Ihr tägliches Übungsprogramm darin bestehen, sich selbst zu verstehen, zu achten, wertzuschätzen und sich so zu akzeptieren, wie Sie sind. Wichtig ist es, zu der Erkenntnis *„Ich bin in Ordnung, so wie ich bin"* zu kommen, denn Selbstakzeptanz ist der Schlüssel zu einem besseren Selbstbild und Selbstwertgefühl.

Selbstachtung

Selbstachtung umfasst zwei Aspekte:

- die Vorstellung dessen, was man sein möchte: die Werte, die sich in der eigenen Erscheinung und im Handeln ausdrücken sollen,
- das für andere sichtbare Ergebnis: wie die Erscheinung und das Handeln diese Werte tatsächlich widerspiegeln.

Je mehr diese beiden Sichtweisen übereinstimmen, umso stabiler ist die Selbstachtung. Eine geringere Übereinstimmung deutet auf eine geringere Selbstachtung hin.

Gut zu beobachten ist das bei Menschen mit *Helfersyndrom,* die nur eine geringe Selbstachtung haben und versuchen diese aufzuwerten, indem sie anderen helfen.

Selbstachtung bedeutet: „*Ich achte mich als Menschen, fühle mich wertvoll – auch für meine Mitmenschen – und bin es wert, in Würde zu leben.*" Sie drückt sich in Authentizität und Konsequenz aus und darin, Respekt einzufordern, Grenzen zu setzen und seine Würde und Werte zu verteidigen.

Bei Menschen mit geringer Selbstachtung bewirken oft *negative Glaubenssätze* aus der Kindheit, falsch, wertlos, mit einem Makel behaftet zu sein. Diese tiefen Verletzungen können auch die Folge seelischer Gewalt sein.

Wer eine geringe Selbstachtung hat, geht geringschätzig mit sich selbst um, ist überkritisch, redet innerlich abwertend über sich und empfindet Gefühle der Verachtung, der Scham oder aber auch der Angst gegenüber sich selbst. Darüber hinaus lässt er zu viel zu, weil er unfähig ist, Grenzen zu setzen, um seine Selbstachtung zu verteidigen.

Von Joseph von Sternberg stammt folgendes Zitat: „*Wir verbringen einen großen Teil des Lebens damit, die Achtung anderer zu erwerben. Aber Selbstachtung zu gewinnen, darauf verwenden wir wenig Zeit.*"

Selbstwertschätzung

Aus gesunder Selbstachtung entwickelt sich Selbstwertgefühl. Daraus entsteht *Selbstwertschätzung*. Wer sich selbst wertschätzt, entwickelt eine belastbare Selbstbeziehung, die entscheidend für den Umgang mit anderen ist. Darüber hinaus ist die *Achtsamkeit sich selbst gegenüber* heilsam, weil sie die Voraussetzung dafür ist, Grenzen zu setzen.

Selbstwertschätzung wirkt Wunder, wie es Reinhard Haller in seinem Buch „Das Wunder der Wertschätzung"[51] beschreibt. Seiner Erfahrung nach aktiviert eine wertschätzende Grundhaltung sich selbst gegenüber das Belohnungszentrum im Gehirn, hemmt Ängste, entfaltet Kreativität, stärkt Beziehungen und führt zu mehr Lebensfreude.

Selbstwertschätzung ist nur möglich, wenn man sich nicht mit anderen vergleicht, sondern sich an eigenen Maßstäben orientiert (s. Kap. „Scham durch Vergleiche“, S. 41). Sich zu vergleichen und an den Bewertungsmaßstäben anderer zu orientieren fördert das Gefühl, schlecht abzuschneiden und nicht zu genügen, und führt dazu, dass man sich deshalb schämt.

Warum man sich nicht mit anderen vergleichen, sondern an sich selbst Maß nehmen sollte, hat der britische Schriftsteller George Bernard Shaw folgendermaßen begründet: *„Der einzige Mensch, der sich vernünftig benimmt, ist mein Schneider. Er nimmt jedes Mal neu Maß, wenn er mich trifft, während alle anderen immer die alten Maßstäbe anlegen, in der Meinung, sie passten auch heute noch.“*

Trotzdem neigen wir häufig dazu, unser Leben ständig mit dem anderer zu vergleichen. Das gilt für alle Bereiche des Lebens – für die privaten und auch für die beruflichen. Alles scheint bei anderen besser zu sein als bei uns. Aber ein Vergleich ist der sichere Nährboden für die Abwärtsspirale und wird zum Angriff auf die eigene Zufriedenheit und damit zum Saboteur des Glücks.

Vertrauen Sie lieber auf Ihre Individualität, statt sich ständig mit anderen zu vergleichen! Sollten Sie ein besonderes Projekt verfolgen, z. B. ein Haus bauen, ein Buch schreiben oder ein Unternehmen gründen, dann sollten Sie es unterlassen, sich vom Trugbild anderer beeindrucken zu lassen. Vergleichen Sie sich nicht, sondern fangen Sie einfach an und folgen Sie Ihrer Intuition!

Selbstliebe

Für mich ist es immer wieder erschreckend, in Seminaren und Beratungen feststellen zu müssen, dass selbst sehr gut ausgebildete, profilierte, tüchtige Frauen und Männer wenig liebevoll mit sich selbst umgehen. Viel haben sie gelernt und vorzuweisen, nur die Kunst, sich selbst wertzuschätzen und zu lieben, war weder in Schule noch Studium oder Berufsausbildung auf ihrem Lehrplan. Was aber ist oder bedeutet Selbstliebe?

Selbst- oder Eigenliebe heißt

- großzügig und nachsichtig mit sich selbst umzugehen und sich Unvollkommenheit zu verzeihen,
- gut für sich selbst und sein Wohlergehen zu sorgen, auf eigene Bedürfnisse und Grenzen zu achten und abzuwenden, was schädlich ist,
- Nein zu sagen, wenn sich etwas nicht gut anfühlt,
- Körper und Geist zu pflegen und sich selbst treu zu bleiben.

Selbstliebe hat nichts mit Selbstverliebtheit (Narzissmus) zu tun. Es geht vielmehr darum, rücksichtsvoller mit sich selbst umzugehen. Wenn ich mich liebe, bringe ich mir Achtung und Respekt entgegen, nehme meine Bedürfnisse ernst, höre auf die Sprache meines Körpers und verdränge weder Gefühle noch Probleme. Ich setze vernünftige Grenzen, quäle mich nicht unnötig mit grüblerischen Gedanken und muss andere nicht zwanghaft kontrollieren, um mein Selbstbewusstsein aufzupolieren. Ich lasse selbstschädigende Gewohnheiten los und entwickle die Einstellung: *„Ich bin es mir wert!“*

Selbstliebe ist der *effektivste Selbstschutz*. Sie sorgt dafür, sich abzugrenzen und „Nein“ zu sagen, um sich vor Vereinnahmung und Überforderung zu schützen. Ein gesundes Maß an Selbstliebe ermöglicht es, sich von überholten Überzeugungen und schlechten Gewohnheiten zu verabschieden und die Einstellung zu entwickeln: *„Ich liebe mich und mein Leben und bin dafür verantwortlich, beides zu schützen.“*

Wer über ein gesundes Maß an Selbstliebe verfügt, ist in der Lage, Selbstschutz zu praktizieren und damit die Voraussetzung zu schaffen, Selbstverantwortung zu übernehmen (s. Kap. „Selbstverantwortung und Selbstfürsorge“, S. 143).

Darüber hinaus zeigen sowohl die Erfahrung als auch neurowissenschaftliche Forschungen, dass Menschen, die Selbst-Mitgefühl üben, mit Belastungen besser umgehen können, weniger Angst erleben und eine größere Verbundenheit mit anderen Menschen spüren.

Selbstliebe ist eine Quelle emotionaler Unabhängigkeit und Freiheit. Das hat Charlie Chaplin erst spät entdeckt und sich zum 70. Geburtstag folgendes Gedicht geschrieben, das Lebensweisheit in komprimierter Form beinhaltet:

Als ich mich selbst zu lieben begann

Als ich mich selbst zu lieben begann,
habe ich verstanden,
dass ich immer und bei jeder Gelegenheit,
zur richtigen Zeit am richtigen Ort bin,
und dass alles, was geschieht, richtig ist –
von da an konnte ich ruhig sein.
Heute weiß ich: Das nennt man „VERTRAUEN".

Als ich mich selbst zu lieben begann,
konnte ich erkennen,
dass emotionaler Schmerz und Leid
nur Warnung für mich sind,
gegen meine eigene Wahrheit zu leben.
Heute weiß ich, das nennt man „AUTENTHISCH-SEIN".

Als ich mich selbst zu lieben begann,
habe ich aufgehört,
mich nach einem anderen Leben zu sehnen,
und konnte sehen, dass alles um mich herum
eine Aufforderung zum Wachsen war.
Heute weiß ich, das nennt man „REIFE".

Als ich mich selbst zu lieben begann,
habe ich aufgehört,
mich meiner freien Zeit zu berauben,
und ich habe aufgehört,
weiter grandiose Projekte für die Zukunft zu entwerfen.
Heute mache ich nur das, was mir Spaß und Freude bereitet,
was ich liebe und mein Herz zum Lachen bringt,
auf meine eigene Art und Weise und in meinem Tempo.
Heute weiß ich, das nennt man „EHRLICHKEIT“.

Als ich mich selbst zu lieben begann,
habe ich mich von allem befreit,
was nicht gesund für mich war,
von Speisen, Menschen, Dingen, Situationen
und von allem, das mich immer wieder hinunterzog,
weg von mir selbst.
Anfangs nannte ich das „GESUNDEN EGOISMUS“,
aber heute weiß ich, das ist „SELBSTLIEBE“.

Als ich mich selbst zu lieben begann,
habe ich aufgehört,
immer recht haben zu wollen,
so habe ich mich weniger geirrt.
Heute habe ich erkannt,
das nennt man „DEMUT“.

Als ich mich selbst zu lieben begann,
habe ich mich geweigert,
weiter in der Vergangenheit zu leben
und mich um meine Zukunft zu sorgen.
Jetzt lebe ich nur mehr in diesem Augenblick,
wo ALLES stattfindet.
So lebe ich heute jeden Tag und nenne es „BEWUSSTHEIT“.

Als ich mich selbst zu lieben begann,
da erkannte ich,
dass mich mein Denken armselig und krank machen kann,
als ich jedoch meine Herzenskräfte anforderte,
bekam der Verstand einen wichtigen Partner.
Diese Verbindung nenne ich heute „HERZENSWEISHEIT“.

Wir brauchen uns nicht weiter vor Auseinandersetzungen,
Konflikten und Problemen mit uns selbst und anderen zu fürchten,
denn sogar Sterne knallen manchmal aufeinander
und es entstehen neue Welten.
Heute weiß ich, DAS IST DAS LEBEN!

Charlie Chaplin[52]

Der Weg zu einem realistischen Selbstbild, zu gesundem Selbstbewusstsein und Authentizität

Entwickeln eines realistischen Selbstbildes

Wie bereits erläutert, ist es unumgänglich, ein *realistisches Selbstbild* zu entwickeln, um Scham erst gar nicht aufkommen zu lassen oder zu überwinden. Das aber bedeutet, dass man sich mit positiven und negativen Anteilen der eigenen Identität auseinandersetzen muss. Wenn wir uns unserer Stärken bewusst sind, brauchen wir uns unserer Schwächen nicht zu schämen. Ein realistisches Selbstbild sorgt für das nötige Selbstvertrauen im Umgang mit anderen.

Wie aber ist es möglich, ein realistisches Selbstbild zu entwickeln? Zum Glück ist unser Selbstbild und damit auch unser Selbstwertgefühl veränderbar. Wenn wir gelernt haben, schlecht von uns zu denken, können wir uns auch ein neues Bild von uns und unseren Fähigkeiten machen. Wir können lernen, uns mit anderen Augen zu sehen und so unser Selbstbild verbessern und stärken.

Ein negatives Selbstbild kann nur in ein positives verwandelt werden, wenn wir am Aufbau einer gesunden Selbstachtung arbeiten, wenn wir lernen, an unseren eigenen Wert und unsere Fähigkeiten zu glauben. Wenn unser Selbstbild in Ordnung ist, dann prallen negative Bemerkungen unserer Mitmenschen an uns ab und wir sind nicht mehr verletzbar. In dem Maße, in dem wir unser Selbstbild positiv verändern, wird sich auch unser Leben positiv verändern!

Was Sie tun können, um Ihr Selbstbild zu verbessern:

- Schreiben Sie alles auf, was Sie gut können, aber auch alles, womit Sie Schwierigkeiten haben.
- Ermutigen Sie andere, Ihnen ein „Feedback“ zu geben, und akzeptieren Sie konstruktive Kritik.
- Die Außenwahrnehmung ist für Ihr realistisches Selbstbild wichtig. Stimmt sie mit Ihrem Selbstbild weitestgehend überein, befinden Sie sich im „grünen Bereich“.
- Stärken Sie Ihre Wahrnehmung für die Talente, die Ihr Alleinstellungsmerkmal sind.
- Ein realistisches Selbstbild erzielen Sie dadurch, dass Sie sich auf Ihre Stärken konzentrieren, ohne Ihre Schwächen zu leugnen.

„Willst du das Land in Ordnung bringen,
so musst du zuerst die Provinzen in Ordnung bringen.

Willst du die Provinzen in Ordnung bringen,
so musst du zuerst die Städte in Ordnung bringen.

Willst du die Städte in Ordnung bringen,
dann musst du zuerst die Familien in Ordnung bringen.

Willst du die Familie in Ordnung bringen,
dann musst du zunächst dich in Ordnung bringen.

Menschen, die sich mögen, machen sich keine Gedanken darüber,
ob andere sie mögen oder schlecht von ihnen denken.

Sie nehmen sich an und akzeptieren sich mit ihren Fehlern und Schwächen.
Deshalb haben sie auch nichts zu verlieren, wenn andere sie ablehnen."

Chinesische Weisheit

Gesundes Selbstbewusstsein und Mut zur Authentizität

Selbstwert, Selbstsicherheit, Selbstvertrauen und Durchsetzungskraft bilden zusammen das *Selbstbewusstsein*, das eine dynamische Größe und insofern wechselhaft ist. Der erste Schritt zu gesundem Selbstbewusstsein ist aber immer auch ein Schritt zu mehr Selbstvertrauen.

Darin zeigt sich Selbstbewusstsein:

- Gefühle zeigen und dazu stehen können,
- Wünsche und Forderungen ausdrücken können,
- auf andere zugehen können,
- Grenzen setzen können,
- Komplimente annehmen und machen können,
- sich wehren können.

Wer über ein gesundes Selbstbewusstsein verfügt, hat eine selbstsichere Ausstrahlung, glaubt an seine Kompetenzen und daran, seine Ziele erreichen zu können, tritt für sich selbst ein und kann auf andere Menschen zugehen und Kontakte knüpfen.

Wer *authentisch* ist, zeigt nach außen die Haltung *„Ich bin ich und das ist gut so"*, steht also zu sich und hat es nicht nötig, sich zu maskieren und zu verstellen. Authentische Menschen wirken in der Regel wahrhaftig, ungekünstelt, offen und entspannt. Sie strahlen aus, dass sie im Einklang mit sich selbst sind.

Die Sozialpsychologen Michael Kernis und Brian Goldman von der Universität Georgia nennen vier Kriterien, die erfüllt sein müssen, damit wir uns selbst als authentisch erleben:

1. Bewusstsein: Wir müssen unsere Stärken und Schwächen ebenso kennen wie unsere Gefühle und Motive, also warum wir uns so oder so verhalten. Erst durch diese Selbstreflexion sind wir in der Lage, unser Handeln bewusst zu erleben und zu beeinflussen.
2. Ehrlichkeit: Wer authentisch sein will, muss der Realität ins Auge blicken und auch unangenehme Rückkopplungen – seien sie optisch oder verbal – akzeptieren.
3. Konsequenz: Wer Werte hat, sollte danach handeln. Das gilt auch für einmal gesetzte Prioritäten oder für den Fall, dass man sich dadurch Nachteile einhandelt. Kaum etwas wirkt verlogener und unechter als ein Opportunist.
4. Aufrichtigkeit: Wer wahrhaftig sein will, muss die Größe zeigen, auch seine negativen Seiten zu offenbaren.[53]

Darüber hinaus verfügt jemand, der authentisch ist, über folgende zusätzlichen Eigenschaften:

- Er steht zu sich und zu seinen Bedürfnissen (Selbstakzeptanz).
- Er achtet und schätzt sich selbst.
- Er lebt nach eigenem Kompass, eigenen Überzeugungen und Werten, lässt sich nicht verbiegen und bleibt sich selbst treu.
- Er zeigt seine Gefühle und steht dazu.
- Er ist ehrlich, wahrhaftig, glaubwürdig und konsequent.

Authentizität ist nicht nur der Schlüssel zu einem glücklichen, selbstbestimmten Leben mit hoher Zufriedenheit, sie schützt auch vor Scham. Wer authentisch ist, schämt sich nicht dafür, anders als die anderen zu sein, sondern lebt konsequent nach dem Motto: *„Mein Leben muss mir gefallen und zu mir passen. Ich habe nur dieses eine!"*

Um authentisch sein zu können, ist aber nicht nur wichtig, zu wissen, wer wir sind bzw. wer wir sein wollen, sondern auch, welches das richtige Umfeld ist, in dem wir leben wollen.

Indem Sie das tun, wonach Sie sich fühlen und was für Sie gut ist, können Sie viel gewinnen:

- *Sie werden mental stärker und Ihre Ausstrahlung verändert sich:* Sie gehen viel befreiter durchs Leben und haben nicht ständig das Gefühl, es anderen recht machen und sich verbiegen zu müssen.
- *Sie leben bedürfnisorientiert* und haben den Mut, Ihr Leben selbstbestimmt zu leben sowie Ihre Bedürfnisse zu beachten und zu äußern.
- *Sie gewinnen Selbstachtung und Respekt:* Sie erhalten nicht nur die Anerkennung Ihrer Mitmenschen, sondern fördern durch Ihre innere Unabhängigkeit und Authentizität auch Ihre Selbstachtung.

- *Sie werden entspannter und gewinnen an Souveränität:* Sie müssen nicht mehr gegen Ihre Natur leben, sich verstellen und schauspielern, sondern können einfach Sie selbst sein. Ein Original ist immer besser als eine Kopie!
- *Sie werden erfolgreicher.* Wenn Sie authentisch und mit Ihren Werten konform leben, befinden Sie sich häufiger im „Flow". Das macht Sie auf lange Sicht nicht nur stress- und krisenresistenter, sondern auch erfolgreicher in dem, was Sie tun.
- *Sie verlieren Ihre Ängste:* Indem Sie konsequent Ihrer Intuition folgen und nicht Ja sagen, wenn Sie Nein meinen, sind Sie nicht nur authentisch, sondern verlieren auch Blockaden und Ängste und gewinnen Freiheit.

„Vergeuden Sie nicht Ihre Zeit damit, dass Sie das Leben eines anderen leben. Lassen Sie sich nicht von Dogmen einengen. Dogmen sind das Ergebnis des Denkens anderer Menschen. Lassen Sie nicht zu, dass der Lärm fremder Meinungen Ihre eigene innere Stimme übertönt. Und vor allem haben Sie Mut, Ihrem Herzen und Ihrer Intuition zu folgen."

Steve Jobs

Selbstverantwortung und Selbstfürsorge

Selbstverantwortung und Selbstfürsorge sind Merkmale seelischer Widerstandskraft (Resilienz). Es sind *emotionale Kompetenzen*, die man erlernen kann.

Selbstverantwortung beginnt damit, die Verantwortung für Entscheidungen zu übernehmen, anstatt Schuldige dafür zu suchen, wenn etwas nicht gelungen ist. Für sich selbst Verantwortung zu übernehmen ist nicht nur eine grundsätzliche Lebenseinstellung, sondern der Motor für ein glückliches und erfülltes Leben.

Wer z. B. eine Prüfung nicht bestanden hat, sollte sich nicht schämen oder versuchen den Misserfolg zu kompensieren, indem er ihn seinen Eltern oder dem „unfairen" Prüfer anlastet. Er sollte stattdessen die richtigen Schlüsse daraus ziehen und erkennen, dass er möglicherweise zu wenig gelernt hat und sich beim nächsten Versuch besser vorbereiten sollte. Wer im Beruf gescheitert ist, sollte überlegen, ob vielleicht nicht der Betrieb schuld war, sondern der Grund darin liegt, dass er selbst zu wenig qualifiziert war und mit seinen Kollegen nicht mithalten konnte. Wer eine Diät macht und keinen Erfolg hat, sollte sein Übergewicht nicht den Genen zuschreiben, sondern Verantwortung für Ernährung und Bewegung übernehmen.

Selbstverantwortung zeichnet sich dadurch aus, zu Fehlern und Fehlverhalten zu stehen, die richtigen Schlüsse daraus zu ziehen und Veränderungen, Lösungen und neue Perspektiven zu suchen, statt das Schicksal zu beklagen. Selbstverantwortung bedeutet auch: *„Wir sind nicht nur verantwortlich für das, was wir tun, sondern auch für das, was wir nicht tun."* (Jean-Baptiste Molière)

Selbstfürsorge besteht darin, seine Grenzen zu erkennen, sich abgrenzen zu können, sich nicht zu überfordern und sich von anderen nicht ausnutzen zu lassen. Dreh- und Angelpunkt der Selbstfürsorge ist das Erkennen der eigenen *Bedürfnisse*. Wer achtsam und fürsorglich mit sich umgeht, nimmt seine Bedürfnisse ernst, hört auf die Signale seines Körpers und verdrängt weder Gefühle noch Probleme, sondern setzt vernünftige Grenzen und quält sich nicht unnötig mit Scham und destruktiven grüblerischen Gedanken.

Selbstfürsorge hat nichts mit Egoismus zu tun – im Gegenteil: Durch gesunde Selbstfürsorge sind wir in der Lage, Verantwortung für uns selbst zu übernehmen. Je mehr wir uns selbst mit Achtsamkeit, Mitgefühl und Liebe begegnen, desto aufrichtiger können wir auch anderen begegnen.

Wie aber ist es möglich, Selbstfürsorge zu praktizieren? Es geht zunächst um ein Gefühl der Achtsamkeit sich selbst gegenüber. Das setzt voraus, dass man die eigenen Bedürfnisse wahrnimmt. Hierzu können folgende Fragen hilfreich sein:

- Wie geht es mir?
- Was tut mir gut?
- Was wird mir zu viel?
- Was geht mir zu weit?
- Wie kann ich im Berufs- und Privatleben besser für mich sorgen?
- Wie gelingt es mir, meine Grenzen besser zu wahren und im Blick zu behalten?

Wenn Sie sich diesen Fragen zuwenden, lernen Sie im ersten Schritt, Ihre eigenen Bedürfnisse bewusster wahrzunehmen und Kraft aus Ihren Ressourcen zu schöpfen. Im zweiten Schritt reduzieren Sie „Energieräuber" und räumen allem, was Ihnen guttut, Priorität ein. Der dritte Schritt besteht darin, einen persönlichen *Selbstfürsorge-Plan* zu entwerfen, damit Selbstfürsorge zum täglichen Programm wird und Sie gegen Manipulationen, das Einreden eines schlechten Gewissens oder Scham resistent macht.

Innere Freiheit gewinnen

Innere Freiheit gewinnen Sie nicht nur durch Selbstbestimmung, sondern auch durch Humor und Gelassenheit. Hiermit gelingt es Ihnen, auf schwierige oder problematische Situationen nicht hektisch zu reagieren, sondern sie aus einer inneren Distanz heraus zu beurteilen.

Selbstbestimmung

Selbstbestimmung ist ein wesentlicher Faktor, um sich innerlich frei zu fühlen. Sie setzt aber voraus, dass man konsequent darin ist, sich abgrenzen, und auch Nein sagen kann.

Der Weg zur inneren Freiheit führt durch einen Dschungel aus Glaubenssätzen, reaktiven Gefühlen und Vermeidungsstrategien, von denen man sich lösen muss, um sich von einem negativen Selbstbild zu befreien. Der bengalische Dichter und Philosoph Rabindranath Tagore hat das so ausgedrückt: *„Unsere Taten müssen vor allem ein Ausdruck der Freiheit sein, sonst gleichen wir Rädern, die sich drehen, weil sie von außen dazu gezwungen werden."*

1999 veröffentlichte der peruanische Schriftsteller Sergio Bambaren seinen Roman „Der träumende Delphin. Eine magische Reise zu dir selbst"[54]. Darin erzählt er eine wunderbare Geschichte über persönlichen Mut und überwundene Ängste, die unzählige Leser auf der ganzen Welt angerührt und begeistert hat. Sie ist ein Gleichnis für Erwachsene, das zeigt, wie ein junger Delphin seinen Weg fort von einengenden Regeln seines Schwarms hin zu einem freien, selbstbestimmten Leben findet. Die wichtigste Botschaft, die wir vom träumenden Delphin lernen können, um unsere persönliche Freiheit und den Weg zu uns selbst zu finden, ist vielleicht diese: *„Es kommt eine Zeit im Leben, da bleibt einem nichts anderes übrig, als seinen eigenen Weg zu gehen ..."*

Authentisch und selbstbestimmt zu leben ist die Voraussetzung dafür, unabhängig, innerlich frei und eins mit sich selbst zu sein, was letztlich auch vom peinigenden Gefühl der Scham befreit.

Humor

Humor ist die Fähigkeit, Unangenehmes und alltägliche Schwierigkeiten heiter zu betrachten. Er ist eine wesentliche Schlüsselqualifikation für den Umgang mit Menschen, ist unabdingbar für echte Beziehungsfähigkeit und seit Jahrtausenden fester Bestandteil der Kommunikation. Damit ist er auch eine seelische Ressource, die uns dabei unterstützt, den Herausforderungen des Lebens und den Hindernissen des Alltags befreit von Scham und Ängsten zu begegnen. Humor ermöglicht eine innere Distanz, führt zu einer höheren Misserfolgstoleranz und erleichtert damit die Bewältigung krisenhafter Lebensereignisse.

Wer eine humorvolle Grundhaltung einnimmt, ist in der Lage, Niederlagen gelassen zu begegnen. Humor hilft dabei, die Perspektive zu wechseln und neue, unbekannte Lösungswege zu gehen.

Gern wird auch von Humor als „sozialem Getriebeöl" gesprochen, das die Kommunikation erleichtert, die Kreativität und den Sinn für ungewöhnliche Lösungen in schwierigen Situationen fördert. Insofern trägt Humor auch in schwierigen Lebenslagen zu mehr Gelassenheit bei.

Humor zielt nicht auf den schnellen Effekt ab, sondern unterstützt darin, Distanz zu Missgeschicken einzunehmen und über sich selbst lachen zu können. Ganz besonders aber ist er dazu geeignet, das Gefühl der Scham abzubauen, schambesetzte, peinliche Situationen zu entkrampfen und zu überstehen.

Seit vielen Jahren wird Humor sogar als therapeutisches Mittel eingesetzt, denn er verhindert depressive Gedanken, wirkt befreiend, heilend, verbindend, versöhnend und trägt dazu bei, eine von Verschlossenheit geprägte Situation in eine Atmosphäre der Wärme, Offenheit und gegenseitigen Wertschätzung zu verwandeln. Ausgehend von den USA sind mittlerweile weltweit „Klinik-Clowns" unterwegs, besonders auf onkologischen Stationen. Auch in Seniorenheimen hat sich der Einsatz der „lustigen Besucher" bewährt. Mit Humor und Spaß erzielen sie beachtliche therapeutische Effekte. Forschungsergebnisse zeigen, dass durch Humor das Immunsystem gestärkt, Endorphine (Glückshormone) ausgeschüttet und körperliche und psychische Heilungsprozesse gefördert werden.[55]

Gelassenheit

Neben Selbstbestimmung und Humor ist auch *Gelassenheit* ein wichtiger Parameter auf dem Weg zu innerer Freiheit.

Unter Gelassenheit verstehen die meisten Menschen einen Zustand der Zuversicht, der inneren Ruhe und der seelischen Harmonie. Wer gelassen ist, begegnet sich selbst und anderen mit Milde, Nachsicht und Großzügigkeit. Er weiß um Fehler und Mängel – bei sich selbst und bei anderen – und kann gut mit ihnen leben. Gelassen zu sein bedeutet auch, Unvollkommenheit zulassen zu können. Nichts schafft mehr Gelassenheit, als sich klarzumachen, dass unsere Reaktion auf ein Ereignis auf einer subjektiven Bewertung beruht, die im nächsten Moment schon wieder ganz anders aussehen kann.

Wer gelassen ist, der akzeptiert, dass es zum Menschsein gehört, nicht perfekt sein zu können. Allein die Tagesform, die jeder Mensch hat, zeigt, dass man an manchen Tagen belastbarer, leistungsfähiger und besser gelaunt ist als an anderen. Innere Freiheit durch Gelassenheit ist nur durch die Akzeptanz unserer Unzulänglichkeit möglich.

Die Kombination aus Humor und Gelassenheit ist besonders hilfreich beim Alterungsprozess, den niemand aufhalten kann. In seinem Buch „Altwerden beginnt im Kopf – Jungbleiben auch“[56] schreibt Notker Wolf:

„Es ist merkwürdig. Die eigene Lage wird ernster – immerhin gehe ich nun auf die fünfundsiebzig zu –, aber die Welt nötigt mir immer häufiger ein mildes oder amüsiertes Lächeln ab. Die Welt in Gestalt von überängstlichen oder aufgeregten oder großmächtigen Zeitgenossen zum Beispiel. Zwar habe ich mir auch früher Freiheiten genommen – die Freiheit, Dinge beim Namen zu nennen, oder die Freiheit, mich lustig zu machen. Mit den Jahren hat die innere Freiheit allerdings weiter zugenommen. Sie ist ein schönes Geschenk des Alters.

Mit Applaus werden die meisten von uns nicht rechnen dürfen. Umso dringender haben wir den Humor in unseren späten Lebensjahren nötig. Denn eigentlich ist es ja zum Schreien. Zum Schreien komisch und zum Schreien traurig: Die Kräfte nehmen ab – ausgerechnet jetzt, wo wir noch nie so gut waren. Wo wir noch nie so reich waren, reich an Erfahrungen, reich an Wissen, reich an Verständnis, Einsichten und Menschenkenntnis. Haben wir uns das früher nicht immer gewünscht, diese Gelassenheit, diese Selbstsicherheit, diese innere Freiheit, diese Souveränität?“

Schon der erste Satz in Notker Wolfs Buch ist ein Plädoyer für Humor im Alter sowie dafür, das Altwerden anzunehmen, statt es tragisch zu nehmen, und lieber einmal zu lachen, statt sich der Alterungserscheinungen zu schämen und immer verbitterter zu werden. Der Abtprimas des Benediktinerordens macht Mut, das Alter mit all seinen schönen Facetten und reicher Lebenserfahrung anzunehmen – aber auch mit den körperlichen Einschränkungen, die damit einhergehen. Mit einem Augenzwinkern zeigt er, worauf es im Alter ankommt: auf innere Freiheit, Gelassenheit und Verständnis.

Fazit: Humor und Gelassenheit können hilfreich sein, um innere Freiheit und Unabhängigkeit zu gewinnen und sich selbst so zu akzeptieren, wie man ist.

Stärkung der seelischen Widerstandskraft

Wie schon mehrfach ausgeführt, fühlt sich Scham unangenehm an und kann so stark belasten, dass sie zu einer depressiven Lähmung und in der Folge zu sozialem Rückzug und Isolation führt. Sie kann sogar so übermächtig sein, dass sie *Psychostress* auslöst.

Was aber kann helfen, um diesen durch Scham ausgelösten Psychostress zu überwinden? Wer über seelische Widerstandskraft (Resilienz) verfügt, ist dazu in der Lage, Psychostress infolge von Scham zu überwinden.

Mit *Resilienz* wird die „innere Stärke" bzw. die psychische Belastbarkeit und Widerstandsfähigkeit eines Menschen bezeichnet. Es handelt sich dabei um die Fähigkeit, auch in schwierigen Situationen handlungsfähig zu bleiben. Resilient sind vor allem Menschen, die in allem Übel auch noch ein Körnchen Gutes entdecken können. Solche Menschen machen sich keine Illusionen, aber bei Ungewissheit neigen sie dazu, eher einen positiven Verlauf der Dinge anzunehmen.

Wer diese Resilienz nicht besitzt, kann sie erlernen und trainieren. Untersuchungen haben gezeigt, dass resiliente Menschen besser mit Stress umgehen,

Schicksalsschläge besser verarbeiten und generell ein physisch und psychisch stabileres Leben führen.

Die amerikanische Psychologenvereinigung hat eine Anleitung zum Erlernen von Resilienz herausgegeben. Laut „road to resilience“[57] soll das Befolgen folgender Ratschläge zum Ziel führen:

- Sorge für dich selbst.
- Glaube an deine Kompetenz.
- Baue soziale Kontakte auf.
- Entwickle realistische Ziele.
- Verlasse die Opferrolle.
- Nimm eine Langzeitperspektive ein.
- Betrachte Krisen nicht als unüberwindbare Probleme.
- Glaube an dich und daran, etwas bewirken zu können.

Dass sich solche Ratschläge nicht immer einfach umsetzen lassen, sondern immer wieder trainiert werden müssen, ist eine Binsenweisheit. Aber sie sind hilfreich, um Stress besser bewältigen zu können.

Langfristig ist es von zentraler Bedeutung, mit schambesetzten Gefühlen auf kompetente Art umzugehen, um sie regulieren zu können. Dabei kann es bereits hilfreich sein, sich bewusst zu machen, dass das, wofür man sich schämt, nicht mehr rückgängig gemacht werden kann.

Abschied von Perfektionismus und Optimierungszwang

Nur keine Fehler begehen, nur keine Schwäche zeigen, sich nicht blamieren! Viele Menschen kennen die Angst vor dem Versagen, davor, unfähig zu sein und nicht zu genügen, und der damit verbundenen Scham.

Wir alle wissen, dass der Abschied von Perfektionismus und Optimierungszwang die Lösung sein könnte, um Versagensängste zu überwinden und sich weniger zu schämen. Wie bei vielem, das wir verändern können, liegt auch hier die *Lösung im Kopf*. Wenn es zu Ihrem Selbstbild gehört, alles immer zu einem optimalen Ergebnis zu bringen und sowohl im Job als auch in Partnerschaft und Familie allen gerecht zu werden, dann sollten Sie die verinnerlichten Überzeugungen aus Ihrer Erziehung – wie z. B. *„Mehr Leistung = mehr Liebe"* – als falsch und schädlich identifizieren.

Nur wer das Gefühl, nicht gut genug zu sein, überwindet und seine Verletzlichkeit nicht länger als Schwäche ansieht, besiegt seine *Versagensängste* und entkommt damit der Schamfalle. Statt sich zu schämen, wenn Sie etwas nicht geschafft haben, werden Sie es als sehr entlastend empfinden, wenn Sie *„Mut zur Lücke"* aufbringen. Es geht dabei auch darum, zu überlegen, was ohne Qualitätsverlust weggelassen werden kann.

Julia, 58:

> *Früher habe ich nächtelang überlegt, wie ich das Weihnachtsmenü perfekt auf die Reihe bekomme. Mit meinen hohen Ansprüchen habe ich mich selbst sehr überfordert und war zu Weihnachten so erschöpft, dass ich das Fest gar nicht mehr genießen konnte.*
>
> *Befreiung, Erleichterung und Entlastung haben sich bei mir durch die Erkenntnis eingestellt, dass niemand von mir einen solchen Einsatz erwartet, der mich an den Rand der Erschöpfung bringt. Ich begann zu reduzieren und übte mich darin, Mut zur Lücke zu zeigen, ohne mich dafür zu schämen. Das begann schon damit, dass vor Weihnachten kein Hausputz mehr stattfand. Anstatt die Weihnachtskekse selbst zu backen, habe ich sie gekauft. Niemand hat es bemerkt, mir verschaffte es aber Entlastung und Freiräume. Ich habe gelernt, dass man Stress durch Überforderung nur vermeiden kann, indem man den Aufgabenumfang reduziert.*

Um „Mut zur Lücke“ zu lernen, hilft neben einem Bewusstseinswandel auch der Prozess des Älterwerdens, weil man nicht mehr alles schafft, was man in jungen Jahren geleistet hat.

Heute investiere ich nur so viel Liebe, Kreativität und Energie in etwas, dass es sich für mich gut anfühlt, ich mit dem Ergebnis zufrieden bin und trotz des Reduzierens ein gutes Gewissen habe. Sollte ich noch Zeit, Kraft und Lust haben, kann ich ja immer noch etwas hinzufügen. “

Prüfen Sie, ob Sie zu Perfektionismus und Optimierungszwang neigen! Da kein Mensch die damit verbundenen Ansprüche immer erfüllen kann, führt fast jede – insbesondere von anderen erkannte – Schwäche zu Gesichtsverlust und infolgedessen zu Scham.

Schambewältigung durch Mentaltraining

Astronauten, Spitzensportler, Konzertpianisten, Herzchirurgen, der Katastrophenschutz, überhaupt alle, die punktgenau Spitzenleistungen erbringen müssen, nutzen mentale Schubkraft durch *Mentaltraining*. Mentaltraining kann aber auch dazu dienen, das überwältigende Gefühl der Scham als Folge eines möglichen Versagens zu bewältigen. Bevor man aber diese mentale Kraft nutzen kann, muss man sie – wie der Begriff schon sagt – trainieren.

Im Mentaltraining werden verschiedene Techniken (Mentaltechniken) angewandt, die es einem erlauben, mehr Kontrolle über sein Gehirn zu erhalten. Dazu gehören z. B.

- die positive Visualisierung,
- die Schlagfertigkeit und
- der Gedankenstopp.

Visualisierung

Bei der Mentaltechnik „Visualisierung“ wird das angestrebte Ziel geistig vorweggenommen. Marathonläufer stellen sich bereits während des Laufens vor, wie sie die Ziellinie erreichen. Dieses positive Bild motiviert sie, nicht nachzulassen oder aufzugeben.

Indem man mental immer wieder herausfordernde Situationen durchspielt, werden im Gehirn automatisierte Handlungsabläufe geschaffen. Diese verhindern stressbedingte Blockaden (Blackouts).

„Du musst schon da sein, bevor du angekommen bist!“ Dieser Spruch stammt aus dem Buch „Die Möwe Jonathan“ von Richard Bach.[58] Diese Lebensweisheit enthält eine tiefe Botschaft für uns alle: Stellen Sie sich mit aller Fantasie den Augenblick vor, in dem Sie Ihr Ziel erreichen! Sehen und spüren Sie, wie es ist, bereits da zu sein, wo Sie einmal hinkommen wollen.

Der Fußballer Philipp Lahm hat das nach dem Gewinn des Weltmeistertitels im Jahr 2014 in Brasilien sehr treffend beschrieben: *„Immer wieder habe ich mich an die Szene erinnert, als Lothar Matthäus 1990 in Rom den WM-Pokal in die Höhe streckte. Ich habe mir immer und immer wieder in all den Jahren vorgestellt, wie ich selbst den WM-Pokal in Rio de Janeiro in die Höhe stemme!“*

Was Philipp Lahm hier beschrieben hat, ist die *Macht der inneren Bilder*. Sie ist der Grund, warum die *Visualisierung* eine der wirksamsten mentalen Techniken ist, die uns zur Verfügung stehen. Die bildhafte Vorstellung und das Vorwegnehmen des Ankommens beeinflussen unser Unterbewusstsein. Gleichzeitig werden Erlebnisnetzwerke im Gehirn aktiviert, die nach dem Prinzip der sich *selbsterfüllenden Prophezeiung* arbeiten. Das ist ein psychologisches Phänomen, das das Unterbewusstsein beeinflusst.

Wenn Sie davon überzeugt sind, ein Ziel zu erreichen, erhöhen sich Ihre Chancen. Glauben Sie fest an Ihre Genesung, mobilisieren Sie Ihre Selbstheilungskräfte. Haben Sie eine Einladung zu einem Vorstellungsgespräch und erscheinen mit einer positiven Erwartung zum Termin, werden Sie den Job mit großer Wahrscheinlichkeit bekommen. Gehen Sie mit einer optimistischen Einstellung zum ersten Date, erhöhen Sie durch Ihre selbstsichere Ausstrahlung Ihre Chancen.

Schlagfertigkeit

Vielleicht kennen Sie das ja: Sie werden in einer Gruppe unerwartet zur Zielscheibe und lächerlich gemacht. Sie geraten unter Psychostress, sind blockiert und stehen unter Schock. In dieser Situation sind Sie unfähig zu reagieren.

Damit Ihnen das nicht passiert, sollten Sie die Technik der *Schlagfertigkeit* als mentale *Abwehrstrategie* trainieren. Hier kommt es darauf an, nicht unbedingt genial, sondern prompt zu reagieren. Es geht darum, entweder thematisch auszuweichen, anzugreifen oder zu ignorieren.

Schlagfertigkeit ähnelt einer Art geistigen Florettkampfes. Das Grundprinzip besteht darin, *indirekte Formulierungen* zu verwenden. Sie zwingen Ihren Gesprächspartner dadurch in eine Lage, aus Ihrer Bemerkung einen Rückschluss zu ziehen. Das verschafft Ihnen Zeit.

Wie aber lernt man Schlagfertigkeit? Damit Sie schnell und punktgenau reagieren können, sollten Sie sich bestimmte *Redewendungen* zurechtlegen, die Sie wie Vokabeln lernen können und die dann stets sofort verfügbar sind.

Beispiele für Redewendungen zur Schamabwehr:

- Angriff: „*Besonders viel tragen Sie heute aber nicht zu dieser Diskussion bei!*“
  Reaktion: „*Warten Sie nur ab, das ist die Ruhe vor dem Sturm.*“
- Angriff: „*Sie gehen immer als Erster!*“
  Reaktion: „*Gut erkannt! Ich bin der Einzige mit einem funktionierenden Zeitmanagement.*“
- Angriff: „*Sie waren aber schon mal besser in Form.*“
  Reaktion: „*Ich passe mich eben meiner Umgebung an.*“

- Angriff: *„Sie sind überhaupt nicht teamfähig."*
  Reaktion: *„Stimmt. Die wirklich schwierigen Aufgaben erledige ich lieber allein."*
- Angriff: *„Vor dem Urlaub hatten Sie noch eine bessere Figur."*
  Reaktion: *„Das ist aber lieb von Ihnen, dass Sie um meine Figur besorgt sind."*

Mit folgenden *Strategien* können Sie sich gegen verbale Angriffe wehren:

- *Wer fragt, der führt! Überzeugen Sie mit Fragen!*
  Als Anfänger fällt es Ihnen sicherlich schwer, auf bestimmte Behauptungen direkt zu reagieren. Fragen Sie einfach: *„Wie haben Sie das gemeint? Können Sie es mir bitte etwas genauer erklären?"* Damit gewinnen Sie Zeit.
- *Negatives in Positives verwandeln!*
  Diese Strategie eignet sich besonders, um die Gesprächsführung selbst in die Hand zu nehmen. Wenn Ihr Gesprächspartner eine *negative Formulierung* wählt, setzten Sie diese in einen positiven Kontext!
- *Die übertriebene Zustimmung*
  Wenn Sie einen Vorwurf hören, stimmen Sie zu, anstatt dagegen zu argumentieren. Anschließend übertreiben Sie derart, dass aus einem Vorwurf ein Witz entsteht.
- *Mit Sprichwörtern und Zitaten kontern*
  Wenn es Ihnen noch schwerfällt, spontan zu kontern, eignen Sie sich Sprichwörter und Zitate an, um nicht sprachlos dazustehen.
- *Analysieren Sie Ihren Gesprächspartner und bieten Sie ihm Paroli!*
  Wenn Sie merken, dass Ihr Gesprächspartner ein Problem hat, das er auf Sie überträgt, fragen Sie ihn direkt, warum er seinen Unmut ausgerechnet auf Sie projiziert. Das bringt ihn in die Defensive und hebelt ihn und sein Vorhaben aus.

Gedankenstopp

Auch der Gedankenstopp ist eine Mentaltechnik, die dazu dient, die Gedanken zu kontrollieren.

Stellen Sie sich folgende Situation vor: Sie haben die Aufgabe, für ein Meeting eine Power-Point-Präsentation vorzubereiten. Da Sie vergangenes Jahr gepatzt und sich wegen Ihres Versagens geschämt haben, gehen Ihnen bestimmt folgende Gedanken durch den Kopf: *„Voriges Jahr habe ich an gleicher Stelle schon einmal versagt. Ein zweites Mal kann ich mir das nicht leisten."*

Solche Gedanken rufen Bilder und Gefühle hervor, die Sie in der Situation des Versagens empfunden haben. Sie sehen sich erneut scheitern, weil Sie an die vergangene Situation denken. Die negativen Bilder im Kopf nehmen Ihnen Ihre positive, selbstbewusste Ausstrahlung. Schuld daran sind die Gedanken, mit denen Sie sich im Vorfeld beschäftigt haben. Sie spüren *Versagensangst.*

Sie können diese Angst nur überwinden, indem Sie Ihre negativen Gedanken erkennen, sie stoppen und durch positive ersetzen. Sie könnten sich z. B. sagen:

- *„Neues Spiel, neues Glück. Ich hatte ein Jahr Zeit, um meinen Auftritt zu trainieren."*
- *„Ich bin gut vorbereitet und weiß, dass ich das kann und es schaffen werde."*
- *„Ich werde alle mit einer tollen Performance überraschen."*

Mithilfe des Mentaltrainings können Sie nicht nur Ihre Ziele leichter erreichen, sondern auch Ihre *Ängste* wirksam bekämpfen.

Folgende Punkte könnten dafür auch hilfreich sein:

- Machen Sie sich bewusst, dass die Angst eigentlich eine Überlebensstrategie der Natur ist, die zur Vorsicht mahnt und insofern ein Schutzfaktor ist.
- Geben Sie der Angst einen angemessenen Platz und akzeptieren Sie die Ambivalenz dieses Gefühls, das Sie schützen kann, aber nicht Ihr Leben bestimmen darf. *Sie* sollten Chef Ihres Lebens sein und nicht Ihre Angst!

- Überprüfen Sie, ob die Annahmen, auf denen Ihre Ängste beruhen, real oder die Folge chronischen Grübelns sind.

An dieser Stelle ist der Hinweis wichtig, dass es neben der Angst, die Selbstbild und Selbstwertgefühl beeinträchtigt, diverse Ängste oder *Angsterkrankungen* gibt, die therapiebedürftig sind.

Abschließende Bemerkungen

Scham ist ein negatives, oft auch unberechenbares und belastendes Gefühl, das uns plötzlich überfallen kann. Anhand zahlreicher Fallbeispiele wurde deutlich gemacht, dass Scham sich aus mehreren Quellen speist und eine komplexe Emotion ist, die aber auch kontrolliert und durch Authentizität kompensiert werden kann.

Es geht um den Mut, sich nicht als Mogelpackung zu präsentieren, sondern zu sich und zu allen seinen Anteilen zu stehen. Es ist nicht nur wichtig, Fehler, Schwächen und Unzulänglichkeiten zu akzeptieren, sondern ihnen eine Wertigkeit zu geben. Denn mit jeder Unzulänglichkeit, die man sich zu zeigen traut, bekennt man sich zu dem Weg, den man gegangen ist, und zur Entwicklung, die man dabei gemacht hat.

Dazu abschließend eine lehrreiche Anekdote:

„Eines Tages stand ein junger Mann mitten in der Stadt und erklärte, dass er das schönste Herz im ganzen Tal habe. Eine große Menschenmenge versammelte sich und sie alle bewunderten sein perfektes Herz. Es gab keinen Fleck oder Fehler in ihm. Ja, sie alle gaben ihm Recht, es war wirklich das schönste Herz, das sie je gesehen hatten. Der junge Mann war sehr stolz und prahlte noch lauter über sein schönes Herz.

Plötzlich tauchte ein alter Mann vor der Menge auf und sagte: ‚*Nun, dein Herz ist nicht annähernd so schön wie meines.*‘

Die Menschenmenge und der junge Mann schauten das Herz des alten Mannes an. Es schlug kräftig, aber es war voller Narben, es hatte Stellen, wo Stücke entfernt und durch andere ersetzt worden waren. Aber sie passten nicht richtig und es gab einige ausgefranste Ecken. Genau gesagt, waren an einigen Stellen tiefe Furchen, in denen ganze Teile fehlten. Die Leute starrten ihn an und dachten: Wie kann er behaupten, sein Herz sei schöner?

Der junge Mann schaute auf des alten Mannes Herz, sah dessen Zustand und lachte: ‚*Du scherzest*', sagte er, ‚*dein Herz mit meinem zu vergleichen. Meines ist perfekt und deines ist ein Durcheinander aus Narben und Tränen.*'

‚*Ja*', sagte der alte Mann, ‚*deines sieht perfekt aus, aber ich würde niemals mit dir tauschen. Jede Narbe steht für einen Menschen, dem ich meine Liebe gegeben habe. Ich reiße ein Stück meines Herzens heraus und reiche es ihnen und oft geben sie mir ein Stück ihres Herzens, das in die leere Stelle meines Herzens passt. Aber weil die Stücke nicht genau passen, habe ich einige raue Kanten, die ich sehr schätze, denn sie erinnern mich an die Liebe, die wir teilten. Manchmal habe ich auch ein Stück meines Herzens gegeben, ohne dass mir der andere ein Stück seines Herzens zurückgegeben hat. Das sind die leeren Furchen. Liebe zu geben heißt manchmal auch, ein Risiko einzugehen. Auch wenn diese Furchen schmerzhaft sind, bleiben sie offen und auch sie erinnern mich an die Liebe, die ich für diese Menschen empfinde. Ich hoffe, dass sie eines Tages zurückkehren und den Platz ausfüllen werden. Erkennst du jetzt, was wahre Schönheit ist?*'

Der junge Mann stand still da und Tränen rannen über seine Wangen. Er ging auf den alten Mann zu, griff nach seinem perfekten jungen und schönen Herzen und riss ein Stück heraus. Er bot es dem alten Mann mit zitternden Händen an.

Der alte Mann nahm das Angebot an, setzte es in sein Herz. Er nahm dann ein Stück seines alten vernarbten Herzens und füllte damit die Wunde in des jungen Mannes Herzen. Es passte nicht perfekt, da es einige ausgefranste Ränder hatte.

Der junge Mann sah sein Herz an, nicht mehr perfekt, aber schöner als je zuvor, denn er spürte die Liebe des alten Mannes in sein Herz fließen. Sie umarmten sich und gingen fort, Seite an Seite."[59]

Quellen

1 Briegleb, Till (2009), Die diskrete Scham, Insel Verlag, Frankfurt am Main.

2 Marks, Stephan (2019), Scham – die tabuisierte Emotion, 8. Auflage, Düsseldorf, Patmos.

3 Plath, Sylvia (Deutsche Erstausgabe: 1968, Neuauflage: 2003), Die Glasglocke, Übersetzung: Reinhard Kaiser, Frankfurt am Main, Suhrkamp Taschenbuch.

4 Cyrulnik, Boris (2018), Scham. Die vielen Facetten eines tabuisierten Gefühls, Munderfing, Fischer & Gann.

5 Cyrulnik, Boris (2011), Scham. Im Bann des Schweigens. Wenn Scham die Seele vergiftet, Hünfelden, Präsenz Kunst und Buch.

6 Schmidbauer, Wolfgang (1977), Die hilflosen Helfer. Über die seelische Problematik der helfenden Berufe, Reinbek, Rowohlt.

7 Chu, Victor (Neuauflage 2017), Neugeburt einer Familie. Familienstellen in der Gestalttherapie, Kassel, gikPRESS.

8 Agassi, Andre (2009), Open. Das Selbstporträt, München, Droemer.

9 Neckel, Sighard (1991), Status und Scham. Zur symbolischen Reproduktion sozialer Ungleichheit, Frankfurt am Main, New York, Campus und https://www.campus.de/buecher-campus-verlag/wissenschaft/soziologie/status_und_scham-23.html, Stand vom 27.01.2021.

10 https://www.adwmainz.de/mitglieder/profil/prof-dr-damaris-nuebling-1.html., Stand vom 27.01.2021.

11 https://www.bmbf.de/de/nationale-strategie-fuer-alphabetisierung-und-grundbildung-erwachsener-1373.html, Stand vom 27.01.2021.

12 http://www.m-media.or.at/gesellschaft/kein-geld-keine-schule-analphabeten-in-osterreich/2011/09/07/index.html, Stand vom 27.01.2021.

13 Hartmann, Michael (2002), Mythos von den Leistungseliten. Spitzenkarrieren und soziale Herkunft in Wirtschaft, Politik, Justiz und Wissenschaft, Frankfurt am Main, Campus.

14 Wolf, Armin, Frank, Euke (2006), Promi-Politik: Prominente Quereinsteiger im Porträt, Wien, Czernin.

15 https://www.gew.de/weiterbildung/freie-lehrkraefte/, Stand vom 27.01.2021.

16 Stuttgarter Zeitung: Ein Leben ohne Ausweg (Memento vom 6. Januar 2012 im Webarchiv archive.today) vom 12. November 2009, Stand vom 27.01.2021.

17 Yaman, Neriman (2016), Mein Sohn, der Salafist. Wie sich mein Kind radikalisierte und ich es nicht verhindern konnte, München, mvg.

18 Roche, Charlotte (2008), Feuchtgebiete, Köln, DuMont.

19 https://www.welt.de/reise/article3811587/Auftreten-der-Deutschen-im-Ausland-ist-oft-peinlich.html, Stand vom 27.01.2021.

20 Haslinger, Josef (2020), Mein Fall, Frankfurt am Main, S. Fischer.

21 Marks, Stephan (2011), Scham – die tabuisierte Emotion, 3. Auflage, Düsseldorf, Patmos.

22 Marks, Stephan (2011), Warum folgten sie Hitler? Die Psychologie des Nationalsozialismus, 2. Auflage, Düsseldorf, Patmos.

23 Kuchel, Karl-Josef (2013), Theodor Heuss, Die Shoah, das Judentum, Israel. Ein Versuch, Tübingen, Klöpfer & Meyer.

24 Gran, Sissel (2019), Ich verlasse dich, weil ich leben will, Freiburg, Herder.

25 https://www.br.de/nachrichten/bayern/erzwungene-adoptionen-in-bayerischen-entbindungsheimen,R0LgkkD, Stand vom 27.01.2021.

26 Dördelmann-Lueg, Anne (1994), Wenn Frauen Priester lieben. Der Zölibat und seine Folgen, München, Kösel.

27 McCullough, Colleen (1981), Dornenvögel, München, Bertelsmann.

28 https://www.deutschlandfunkkultur.de › verbotene-liebe.954.de.html, Stand vom 27.01.2021.

29 Altes Testament, 3.1.1. Abimelech (Ri 9,50–56), https://www.bibelwissenschaft.de/stichwort/28321/, Stand vom 27.01.2021.

30 https://www.faz.net/aktuell/gesellschaft/gesundheit/psychologie-mensch-schaem-dich-12148262.html, Stand vom 27.01.2021.

31 Amendt, Gerhard, Schwarz, Michael (1990), Das Leben unerwünschter Kinder, Universität Bremen und Amendt, Gerhard, Schwarz, Michael (1998), Das Leben unerwünschter Kinder, 2. Auflage, Frankfurt am Main, Fischer.

32 Döring, Dorothee (2004), Rollentausch. Wenn Eltern in die Jahre kommen, Neukirchen-Vluyn, Neukirchener Verlag.

33 https://www.wissenschaft.de/gesellschaft-psychologie/wiegt-schuld-oder-schamgefuehl-schwerer/, Stand vom 27.01.2021. Aus: American Psychological Association, Emotion, doi: 10.1037/emo0000542, 11. Februar 2019.

34 rp-online.de, Mordfall in Grefrath: Mirco: Die Mutter des Mörders spricht.

35 Bonelli, Raphael (2014), Perfektionismus. Wenn das Soll zum Muss wird, München, Pattloch.

36 Originalveröffentlichung: Krach, Sören et al., Your Flaws Are My Pain: Linking Empathy To Vicarious Embarrassment, PLoS One, 13. April 2011, http://www.plosone.org/article/info%3Adoi%2F10.1371%2Fjournal.pone.0018675, Stand vom 27.01.2021.

37 http://www.gehirn-und-geist.de/alias/neuropsychologie/es-tut-mir-in-der-seele-weh/1067618, Stand vom 27.01.2021.

38 https://www.psychologie-aktuell.com/news/aktuelle-news-psychologie/news-lesen/die-macht-der-verdraengung.html, Stand vom 27.01.2021.

39 Cyrulnik, Boris (2011), Scham. Im Bann des Schweigens. Wenn Scham die Seele vergiftet, Hünfelden, Kunst und Buch.

40 Wurmser, Léon (1990), Die Maske der Scham, Berlin, Heidelberg, New York, Springer.

41 Titze, Michael, Kühn, Rolf (2010), Lachen zwischen Freude und Scham. Eine psychologisch-phänomenologische Analyse der Gelotophobie, Würzburg, Königshausen & Neumann.

42 Schlink, Bernhard (1995), Der Vorleser, Zürich, Diogenes.

43 Schomburg, Jan (2011), Über uns das All, Deutscher Film (Drama).

44 Smechowski, Emilia (2017), Wir Strebermigranten, Berlin, Hanser.

45 Saad, Fadi (2008), Der große Bruder von Neukölln. Ich war einer von ihnen – vom Gang-Mitglied zum Streetworker, Freiburg, Herder.

46 https://www.welt.de/print/die_welt/wissen/article13509863/Aggression-ist-kein-Urtrieb.html, Stand vom 27.01.2021.

47 http://www.psychosoziale-gesundheit.net/pdf/Int.1-Aggression_Gewalt_und_psychische_Stoerung.pdf, Stand vom 27.01.2021.

48 Sageman, Marc (2004), Understanding Terror Networks, Philadelphia, University of Pennsylvania Press und Sageman, Marc (2017), Turning to Political Violence the Emergence of Terrorism, Philadelphia, University of Pennsylvania Press.

49 Brown, Brené (2017), Verletzlichkeit macht stark. Wie wir unsere Schutzmechanismen aufgeben und innerlich reich werden, München, Goldmann.

50 Libbertz, Jessica (2019), No Shame. Wie wir den Teufelskreis der destruktiven Scham verlassen, München, Gräfe & Unzer.

51 Haller, Reinhard (2019), Das Wunder der Wertschätzung. Wie wir andere stark machen und dabei selbst stärker werden, München, Gräfe & Unzer.

52 www.bpfabian.de/weisheiten/charlie_chaplin_rede_zum 70.sten.htm, Stand vom 27.01.2021.

53 https://mrsnetworking.jimdofree.com/how-to-be-successful/ein-starker-auftritt/authentisch-sein/, Stand vom 27.01.2021.

54 Bambaren, Sergio (1999), Der träumende Delphin. Eine magische Reise zu dir selbst, München, Piper.

55 https://www.meinbezirk.at/graz/c-gesundheit/lachen-staerkt-das-immunsystem_a4320799, Stand vom 27.01.2021.

56 Wolf, Notker (mit Leo G. Linder) (2015), Altwerden beginnt im Kopf – Jungbleiben auch, Asslar, Adeo.

57 https://www.bpb.de/system/files/dokument_pdf/M %2004_Resilienz.pdf, Stand vom 27.01.2021.

58 Richard Bach (1970, 10., überarb. Aufl. 1995), Die Möwe Jonathan, Frankfurt am Main, Ullstein.

59 motivationsgeschichten.blog.de/2010/08/02/perfekte-herz-9087420, Stand vom 27.01.2021.

Eigene Publikationen

1 Gesucht: Partner fürs Leben, Berlin, Frieling u. Partner, 4. Auflage 1999

2 www.Traumprinz, München, Herbig, 2001

3 Leben in Würde bis zuletzt, Paderborn, Bonifatius, 2002

4 Den Weg durch Leid und Trauer gemeinsam gehen, Mainz, Matthias Grünewald, 2004

5 Rollentausch. Wenn Eltern in die Jahre kommen, Neukirchen-Vluyn, Neukirchener Verlag, 2004

6 Dinner for one. Single-Leben als Chance, Neukirchen-Vluyn, Neukirchener Verlag, 2005

7 Familie im Spannungsfeld. Ursachen erkennen, Probleme verstehen, Konflikte lösen, Neukirchen-Vluyn, Neukirchener Verlag, 2005

8 An Unglück und Verlusten wachsen, Steyr, Ennsthaler, 2005

9 Warum allein bleiben. Erfolgreiche Partnersuche im Alter, Lahr, Kaufmann, 2006

10 Wodurch wir wurden, was wir sind. Familienprägungen erkennen und verstehen, Stuttgart, Kreuz, 2006

11 50 – na und! Mit Selbstbewusstsein und Lebensfreude in die zweite Lebenshalbzeit, Lahr, Kaufmann, 2006

12 Die Brücke zurück ins Leben finden. Hilfen für Trauernde nach dem Verlust eines geliebten Menschen, Gütersloh, Gütersloher Verlagshaus, 2007

13 Erste Hilfe bei Kränkungen. Seelischen Verletzungen in der Familie aktiv begegnen, Steyr, Ennsthaler, 2007, 2. Auflage 2007

14 Alte Liebe rostet nicht. Wie Sie Ihre Partnerschaft jung halten, Lahr, Kaufmann, 2007

15 Ich liebe mein Alter. Endlich Zeit, das Leben zu genießen, Stuttgart, Kreuz, 2. Auflage 2007

16 Glücklich allein. Ohne Partner in die reifen Jahre, Heidelberg, mvg, 2007

17 Ohne Partner weiterleben. Hilfen für verwitwete Frauen, Stuttgart, Kreuz, 2008

18 Gemeinsam statt einsam. Wenn meine Eltern Pflege brauchen, Moers, Brendow, 2008

19 Familiengeheimnisse und Tabus. Wie Sie sich Ihrer Vergangenheit stellen können, Heidelberg, mvg, 2008

20 Glückliche Patchworkkinder. Wie wir unseren Kindern helfen können, Stuttgart, Kreuz, 2009

21 Familienglück im zweiten Anlauf. Chancen und Risiken in einer Patchwork-Familie, Weilersbach, Reichel, 2010

22 Wie du und doch ganz anders. Von Müttern und Töchtern, Augsburg, St. Ulrich, 2011

23 Es reicht! Was tun gegen seelische Gewalt? Augsburg, St. Ulrich, 2011

24 Nie wieder Mobbingopfer! Wie Sie sich gegen Psychoterror am Arbeitsplatz zur Wehr setzen können, Moers, Brendow, 2012

25 Späte Versöhnung. Auseinandersetzung und Aussöhnung mit den alten Eltern, Fribourg, Paulus, 2013

26 Endlich in Rente – Und dann? Mit heiterer Gelassenheit ins dritte Lebensalter, Fribourg, Paulus, 2014

27 Mein Mann, meine Schwiegermutter und ich. Ein Mann zwischen zwei Frauen, Wien, Goldegg, 2014

28 Raus aus der Mutterfalle. Befreiung von Selbstzweifeln und Schuldgefühlen, Weilersbach, Reichel, 2015

29 Die Sandwich-Generation. Leben zwischen Beruf, eigener Familie und alten Eltern, Fribourg, Paulus, 2015

30 Der unsichtbare Schmerz. Lebenswunden erkennen und heilen, Trier, Paulinus, 2016

31 Die Eltern in mir. In Harmonie mit dem Elternschatten leben, Fribourg, Paulus, 2016

32 Wenn das Gute nie genug ist. Wie Sie der Perfektionismusfalle entkommen, Trier, Paulinus, 2017

33 Sterbende liebevoll begleiten. Zu Hause, in der Klinik, im Altenheim oder Hospiz, Kevelaer, Butzon & Bercker, 2018

34 Das war's. Wenn Kinder den Kontakt zu ihren Eltern abbrechen, Trier, Paulinus, 2018

35 Besondere Kinder. Schicksal und Glück, Paderborn, Bonifatius, 2019

36 Ich liebe mein Leben. Lebensglück trotz Rückschlägen, Kevelaer, Butzon & Bercker, 2020

37 Glückliches Leben. Wie Zweisamkeit gelingen kann, Kevelaer, Butzon & Bercker, 2021

38 Lebensfroh trotz schwieriger Kindheit. Seelische Verletzungen der Kindheit erkennen und heilen (in Vorbereitung)

Stichwortverzeichnis